世界——期待一个怎样的中国

财新传媒编辑部 ◎编著

红旗出版社

图书在版编目（CIP）数据

世界期待一个怎样的中国 / 财新传媒编辑部编著.
—北京：红旗出版社，2017.10
　　ISBN 978-7-5051-4320-3

　　Ⅰ.①世… Ⅱ.①财… Ⅲ.①国际政治—研究②社会主义建设模式—研究—中国 Ⅳ.①D5②D616

中国版本图书馆CIP数据核字(2017)第252018号

书　　名	世界期待一个怎样的中国			
编　　著	财新传媒编辑部			
出 品 人	李仁国	责任编辑	于鹏飞
总 监 制	高海浩	封面设计	尚刘阳
出版发行	红旗出版社	地　　址	北京市沙滩北街2号
邮政编码	100727	编 辑 部	010-51274617
E - mail	hongqi1608@126.com		
发 行 部	010-57270296		
印　　刷	北京汇林印务有限公司		
成品尺寸	690 毫米 ×980 毫米　1/16		
字　　数	200 千字	印　　张	15
版　　次	2017 年 10 月第一版	印　　次	2017 年 10 月第一次印刷
ISBN	978-7-5051-4320-3	定　　价	48.00 元

欢迎品牌畅销图书项目合作　　联系电话：010-57274627
凡购本书，如有缺页、倒页、脱页，本社发行部负责调换

目录
CONTENTS

代　序　中国对世界做了庄重承诺　/001

第一部分　世界怎么了，我们怎么办？

英国脱欧的政治悲剧　/002

全球化死亡之旅始于2016？　/005

经济全球化后果震荡欧美政坛　/012

全球化未兑现的承诺　/021

全球化会逆转吗？　/028

从边境税看新全球化的治理框架　/050

第二部分　重新确认全球化，中国是领导者吗？

全球化并未结束　/058

全球化不会倒退　/064

全球经济何去何从　/070

反思的必要：应对逆全球化的贸易政策　/075

TPP美国退群，亚太贸易格局面临重构　/084

中国塑造全球角色的时机到来　/087

第三部分　新的国际秩序变革需要中国方案

　　这是最好的时代，也是最坏的时代　/092

　　美式全球化之死与属于全球人民的全球化　/105

　　特朗普时代的中美关系　/116

　　全球化4.0：中国如何重回世界之巅　/125

　　金融危机十年的中国领悟　/133

　　应对全球经济衰退的"中国策"　/139

　　引领"新"全球化　/157

第四部分　世界在期待，中国再出发

　　中华文明究竟要为整个人类承担些什么？　/162

　　经济全球化背景下的中国改革逻辑　/167

　　当下中国有着怎样的机会　/173

　　从"走出去"到"走进去""走上去"　/189

　　中国企业全球化的创新挑战　/194

　　中国的全球治理理念与"丝路新秩序"　/201

　　中国企业走出去的浪潮与调整　/213

　　崛起过程中，中国如何建设"软力量"？　/218

　　为什么世界期待中国2017？　/224

代 序

中国对世界做了庄重承诺

全球化前景引发举世关注，诸多不确定性因素空前增多。在此背景下，中国国家主席习近平首访瑞士达沃斯，在世界经济论坛2017年年会的首日宣布："中国的大门对世界始终是打开的，不会关上。开着门，世界能够进入中国，中国也才能走向世界。"

这是中国对世界的庄重承诺。面对民粹主义、民族主义和贸易保护主义思潮下的种种"筑墙"行为，中国最好的应对之策便是全面深化改革，让国门更加开放。

全球化是经济发展的必然趋势，其实质，就是让资本、商品、服务、人才等稀缺资源在全球范围内合理配置。全球化曾经历了20余年高歌猛进的过程，但近年来进程显著放缓，2016年更是严重受挫。美国总统特朗普就职后，如真将竞选中提出的种种贸易保护主义主张付诸实施，将给全球化蒙上更大的阴影。

至2016年底，全球贸易增速已经连续第五年低于经济增速，而导致全球贸易放缓最直接的原因，就是贸易保护主义。保护主义举措以邻为壑，进而可能刺激其他国家"以其人之道，还治其人之身"，引发贸易战；在一国内部，也极有可能加剧内部不平等，让低收入人群的生活受到更大压力。这种短视行为，只能导致多输结局。习近平在达沃斯论坛演讲中说，"搞保护主义如同把自己关进黑屋子，看似躲过了风吹雨打，但也隔绝了阳光和空气"，道理很是明了。

贸易保护主义泛起的根由之一，在于世界经济迟迟未能辟出一条新路。不过，全球化大趋势毕竟无可阻挡，不以什么人的意志为转移。反对者把困扰世界的问题简单归咎于全球化，可谓看对了病症，寻错了病因，更开不出妙手回春的药方。全球化当然有利有弊，但毕竟是利大于弊，在现实中更应因势利导，趋利避害。当然，对于反全球化的呼声也不能充耳不闻，而应回应其合理诉求，特别要更公平地分配全球化收益，力避"中产阶级危机"。

中国改革开放前后正反两方面的经验，生动说明了全球化对一个国家发展所起的巨大作用。邓小平曾说："三十几年的经验是，关起门来搞建设是不行的，发展不起来。""入世"十余年后，中国成为全球最大货物贸易国，在全球货物贸易中的占比从1980年的0.92%增长至2015年的13.8%。如今，中国又正在崛起为海外投资大国，2016年一年的项目投资接近2000亿美元。习近平在达沃斯宣布，未来五年中国海外投资将达到7500亿美元。

当前美国新一届政府极有可能热衷于限制自由贸易，而全球化需要新的引领者，国内外不少人士寄望于中国。应该承认，中国欲承担这一责任，尚需付出诸多切实努力。中国需要加大产业开放力度，推进人民币国际化和"一带一路"建设，并加快与多国的自由贸易谈判进展；重中之重是全面深化体制改革，提升治理水平。此外，中国还需要进一步改善财富分配状况，结好社会安全网，让可能在未来遭受全球化冲击的群体不会感到孤立无助。

好在纵然有重重挑战，中国仍在坚定不移地扩大开放。日前，国务院印发《关于扩大对外开放积极利用外资若干措施的通知》（以下简称《通知》），放宽服务业、制造业、采矿业等领域外资准入限制。其中，针对服务业，重点放宽各类金融机构外资准入限制，放开会计审计等领域外资准入限制，推进电信、互联网、文化、教育等领域有序开放。这是中国构建开放型经济新体制的一次勇敢尝试，所涉多个领域在"入世"之初曾被精心保护。此轮开放符合中国产业结构调整需要，也契合美国等发达国家的比较优势，有助于实现国际贸易的再平衡。在各个领域引入竞争机制，会使得行业效率更高，为消费者提供更合理的价格。扩大开放，绝不是屈从于外部压力的让步，而是完全从中国自身发展需要出发做出的慎重抉择。

扩大开放战略既定，关键在于执行。好文件得不到充分执行，是过往格外令人痛惜之事。《通知》已将任务分解到相关部委和省级政府，我们希望不久可以看到其实施细则，并在落实中冲破既得利益集团的阻挠，避免开放进程出现反复。

可以形象地说，改革开放历程构成了中国举国上下的一条学习曲线。过去数十年间，中国决策层和国民的谦逊好学态度曾给国际社会留下强烈印象，这股学习热情在中国"入世"前后达到高峰。在后金融危机时代，在中国综合国力空前提高之时，特别需要警惕志得意满情绪。须知中国仍是一个发展中国家，该向先进国家和其他发展中国家可学之处不知凡几。在处理"市场经济国家地位"、反倾销"替代国"等重大问题时，固然应在世贸组织争端解决机制下坚定维护自身权益，但也应注意化解民众中滋长的指向贸易伙伴的对立情绪，谨防将贸易问题过度政治化。只有心门开放，才有国门开放。践行中国对世界的承诺，进一步扩大开放，这是基本功。

胡舒立
（财新传媒总编辑）

第一部分

世界怎么了,我们怎么办?

英国脱欧的政治悲剧

担任英国首相时,我深信英国的未来在于欧洲。我推动通过立法,赋予苏格兰大量自治权,以便让其留在联合王国内。我促成了《耶稣受难日协议》,使北爱尔兰能够安心留在英国。公投的结果可能将这许多努力毁于一旦。

英国退出欧盟投票的直接影响体现在经济上。像预料中的那样,这一点迅速显现。

然而,持久的影响可能体现在政治上,并且是波及全球的。如果经济冲击继续,那么英国的试验将具有警示意义。但如果冲击减弱,那么其他国家的民粹主义运动的势头将有所上升。

这一切是怎么发生的?英国政界的右翼发现了一个令全世界人民心悸的问题:移民。部分保守党,连同极右翼的英国独立党,抓住了这个问题,把它作为脱离欧洲运动的核心。但这项战略本不会成功,因为工党的大批选民并不认同。

这些工党的支持者未从自己的政党那里得到明确的讯息。工党领袖杰里米·科尔宾对留在欧盟不热心。他们被退出派的承诺,即英国退出欧盟会结束英国所谓的移民问题所吸引。同时,因为对收入越来越少以及支出削减的担心,这些工党选民认为这场投票是一个提出反政府抗议的机会。

造成这种公投结果的英国国内压力具有普遍性,至少在西方世界是这样的。左翼和右翼冒充一场反政治权威集团的民众起义的领袖,它们的运动可以成规模、高速度地扩散和增长。如今两极化、片面化的新闻报道,只会鼓励这种反叛。社交媒体革命则将这种效果放大了许多倍。

政治中间派被妖魔化成了脱离民众的精英，好像领导这场反叛的人是普通百姓似的。在脱欧阵营里，这是一件可笑的事情。该阵营让"专家"几乎成了一个侮辱人的词，而当专家警告英国脱离欧盟会损害经济时，他们会被指是在"危言耸听"。移民被说成是一群寄生虫，会来抢英国人的工作机会和福利；但现实是，最近来自东欧的移民交的税，远远超过了他们领取的福利金。此外，来自非欧盟国家的移民将不受公投结果的影响。

政治中间派已经失去了说服它试图代表的民众的能力，失去了联系他们的基本手段。相反，我们正看到极左翼和极右翼的融合。右翼攻击移民，左翼则怒斥银行家，但对这两个极端阵营来说，叛乱的精神、向当权者发泄愤怒、执迷于用具有煽动性的简单方式解决复杂问题，都是一样的。在这一切表象下，是两者对全球化共同怀有的敌意。

英国一半商品和服务的交易是在欧盟这个市场中完成的。现在，该国政府试图就自己在这个单一市场之外的未来展开谈判。与此同时，英国和欧洲都面临一个漫长的经济与政治不确定期。这项挑战的规模相当清楚，英国必须就这些新安排同其他27个国家、它们各自的议会和欧洲议会进行协商。一些政府可能愿意合作，但为了阻止类似的运动，其他国家不会让英国轻松退出。

英国是一个强大的国家，民众适应能力强，精力充沛，创意丰富。我不怀疑英国渡过难关的能力，无论付出什么代价。但联合王国面临的压力已经显现出来了。

苏格兰绝大部分选民选择留在欧盟。公投结果出来后，再次出现了就苏格兰的独立举行公投的呼声。与爱尔兰之间几乎开放的边境让北爱尔兰受益良多，但这种自由面临危险，因为现在北爱尔兰与爱尔兰之间的边境，成了欧盟的边境。这是对北爱尔兰和平进程的一个潜在威胁。

中间派必须重获政治支持，重新发掘分析我们所有人面临的那些问题的能力，并找到超越民粹主义愤怒的解决方案。如果我们不能在极左翼和极右翼让其他欧洲国家进行这种不计后果的试验之前成功地击退它们，结果便是：

最好的情况是幻想破灭,最坏的情况是充满敌意的分裂。历史上这类鲁莽行为的结局一向如此。中间派必须坚持住。

托尼·布莱尔

(英国前首相)

全球化死亡之旅始于 2016？

刚刚过去的这个周末，全球媒体的注意力都被一条涉及美中关系的新闻抢走了：美国候任总统特朗普与台湾地区领导人蔡英文通了一次电话。不出所料，中国外交部"已就此向美国有关方面提出严正交涉"。

当然，媒体因此很快淡忘了前一天的另外一条关于特朗普的新闻：特朗普以巨额税收优惠作为诱饵，诱使美国空调设备制造公司开利公司（Carrier Corp）放弃了把部分工作迁至劳动力成本较低的邻国墨西哥的计划。与此同时，特朗普还警告说，如果其他的美国企业把生产线和工作岗位迁移到国外，将会面对严重后果。

从地缘政治的角度来说，第一条新闻当然非常重要，但从地缘经济的角度来说，第二条新闻的重要性也不低。

第二条新闻也许是 2016 年频频出现的征兆中的最新一个：这一波全球化可能很快就要走到尽头了。

世界历史上至少有两波全球化，最新这一波全球化始于第二次世界大战之后。中国没有赶上它的前半段，但自 1978 年改革开放之后，中国赶上了这波全球化的后半段。现在各方似乎已有共识：中国是这一段全球化的最大受益者，尽管中国国内有不少人并不这么认为。

但时至今天，这一波全球化可能马上结束，中国需要抓紧为此做好准备。

因为今天的墨西哥，可能就是明天的中国。

输家的愤怒

2016年还没有走到尽头，但今年的全球十大热门新闻肯定会包括这两件事：英国脱欧派在公投中取得胜利；特朗普赢得美国总统大选。

未来的历史学家也许会说：2016年是自由贸易遭遇重大挫折的一年，甚至是最新一波全球化进程终结的开端之年。

持续了数十年的这一波全球化，造就了一批赢家，也制造了一批输家。如果说中国和其他发展中国家的工人和中产阶级是这一波全球化的大赢家的话，那么，西方富裕国家的工人则是这一波全球化的大输家。至少特朗普竞选活动的总管、最近又被特朗普任命为其首席战略师和总统高级顾问的史蒂夫·班农（Stephen Bannon）是这么认为的。他在接受记者采访时直截了当地说：全球化的支持者们摧毁了美国工人阶级，却在亚洲创造了一个中产阶级。

不管他的这个说法对不对，这番话不仅反映了他的观点，也基本上概括了特朗普及其许多支持者"愤怒"的主要理由。随着特朗普入主白宫，特朗普和他的内阁将会致力于逆转这种在他们看来不利于美国利益的全球化。

基于同样的愤怒和恐惧，英国公投时投票支持脱欧的选民，也有很大一部分是被这一波全球化巨轮碾压的英格兰中部老工业基地的选民。

其实，西方反自由贸易、反全球化的情绪，时间要早得多，涵盖的社会阶层和政治势力也要广泛得多，只不过这种情绪终于在2016年的英国脱欧公投和美国大选中得到了政治上的表达。

举例来说，在这次美国总统大选的竞选活动中，反全球化这面大旗，不仅被特朗普及其支持者们高举，也被民主党初选时的另一位候选人桑德斯所高举；原来曾经支持TPP的希拉里，竞选时也明确表示反对TPP；而真正把特朗普送入白宫的，其实是美国中部许多传统上支持民主党的工人阶级选民。英国脱欧公投的情况也颇为类似：虽然脱欧阵营的主要干将都是右翼的政客——英国独立党领袖法拉奇、保守党诸位疑欧派大员（如现任外交大臣约翰逊等），但真正让脱欧阵营获胜成为现实的，却是英格兰中部的许多工党选民。

为了能让中国读者多少感受一下普通美国人对自由贸易或全球化的反感、甚至仇恨，我觉得有必要把下面这则评论翻译一下：

一位名叫史蒂芬·爱德华（Stephan Edwards）的两次失业的美国工人，在一位鼓吹全球化好处的学者的文章之后留言说："我们听到专家们告诉我们全球化如何美妙、如何使每一个人都富裕起来，但我们后来环顾左右，发现我们的收入只有十年前的一半，如果按照购买力来算的话，还不到十年前的一半。你知道，我们现在不再听信这一套了。唯一从全球化中获益的人是第三世界的苦工们，以及美国的富人和政客们……我们那些所谓的精英们不能理解为什么我们仇恨全球化。当然，物价更低了，但这对那些眼看着自己的工作被迁移到墨西哥或印度的人来说毫无意义（我的工作就曾两次被外迁到这两个国家）。我的处境绝非独一无二。此时，我愿意发动贸易领域的第三次世界大战，如果这能够扭转现状的话。我们如此仇恨全球化，以至于我们宁愿摧毁这个制度，而不愿因全球化之名而陷入贫困和绝望。"

"美国正转向贸易保护主义"

为什么美国会出现类似史蒂芬·爱德华这样的如此仇视全球化的人呢？

美国一家地缘政治预测网站的创始人和主席乔治·弗里德曼（George Friedman）如此分析美国这些全球化输家的诉求及其政治影响："自从2008年以来，美国自由贸易支持者和贸易保护主义者之间的政治平衡已经转变。美国很大一部分人认为，他们深受自由贸易之害，这部分人想结束不断扩张的自由贸易或重新定义其条件。那种认为自由贸易总体来说利大于弊的观点如今几乎没有什么影响力了。美国如今正在转向贸易保护主义。"

那么，从更广泛、更深层的角度，应该如何分析英国脱欧公投和美国大选的原因并预测它们对未来的影响呢？

常作惊人预言的美国畅销书作家、金融分析师哈里·丹特（Harry Dent）

认为，英国脱欧公投和美国大选的结果，不过是一个更宏大的趋势的表征，这个趋势就是：自二战以来的第二波全球化走得太快了，到今天，它使得非常不同的群体互相冲突且难以调和："本土工人与外国工人和移民……富人与中产阶级和穷人……逊尼派与什叶派及其他宗教分裂……年轻人与迅速加重的老龄化社会负担……大政府与个人自由……在美国，这种冲突更火爆：支持共和党的红州与支持民主党的蓝州……"

丹特认为，英国脱欧公投和美国总统大选的结果，标志着第二波全球化的结束，他预言，未来全球范围内会有越来越多、越来越频繁的分离主义、贸易保护主义、反移民的政策出台，在下一波全球化推进之前，我们将会看到各国、各地区围绕着共同的民族、宗教、政治、经济之根重新组合。

如果说丹特的预言不免有些耸人听闻的话，那么，曾经在里根和克林顿两届内阁任职的克莱德·普莱斯特威兹（Clyde Prestowitz）的分析，则更为平衡、严谨，也受到更为广泛的认同和重视。

普莱斯特威兹曾经是一位支持全球化的美国贸易官员，曾经是里根内阁商业部长的顾问，后来又在克林顿执政时担任亚太地区贸易与投资委员会的副主席，现在是美国经济战略研究所创始人兼所长。2016年6月，早在特朗普当选美国总统之前，他就在《华盛顿月刊》（Washington Monthly）上发表了一篇被许多业内人士视为"必读"的长文《自由贸易已经死亡》。该文回顾了二战后自由贸易在美国的理论和实践，认为二战后历届美国政府推行自由贸易政策的主要动机，不是美国自身的经济利益，而是地缘政治考虑；尽管后来日本和韩国都实行了贸易保护主义色彩很浓的政策，但美国政府为了地缘政治战略，依然继续推行单边的自由贸易政策。再后来，随着北美自由贸易协定的签署和世界贸易组织对中国的接纳，情况发生了更加不利于美国经济利益的变化：许多美国公司开始向墨西哥、中国这些拥有廉价劳动力的国家投资、设厂，把部分制造业工作岗位转移到这些低成本的国家，这导致了美国本土就业职位的流失。

普莱斯特威兹接着指出，如今，美国一些最有名的支持自由贸易的思想领袖显然也在调整自己的观点：全球化的超级鼓吹手、《纽约时报》专栏作家托马斯·弗里德曼（Thomas Friedman）最近说，"对华自由贸易的受害者比人们最初预想得要多"；诺贝尔经济学奖获得者保罗·格鲁格曼（Paul Krugman）也已经承认，他没有预料到对华贸易对美国劳动人口的影响程度；而美国前财政部长、正统贸易理论的长期捍卫者劳伦斯·萨默斯（Lawrence Summers）现在则呼吁更多的"协调化"（harmonization），而非更多的"全球化"（globalization）。

普莱斯特威兹说，更为重要的是，美国公众也要求变化，而2016年美国总统大选的竞选活动就是对公众这种要求的呼应，这次竞选活动已经戏剧性地削弱了自由贸易这个二战后美国经济和外交政策的主要支柱。

当然，即使在特朗普胜选后的今天，美国商界、政坛、学术界、媒体仍然有许多自由贸易的支持者，他们仍然在据理力争，从各方面论证自由贸易和全球化对美国利大于弊，但他们的声音如今已经被掀起的反全球化声浪所彻底淹没。随着特朗普搬入白宫，至少未来四年美国行政当局肯定会全力以赴，试图逆转以往数十年的自由贸易政策。

行文至此，我需要特别声明一下：此文无意全面分析英国脱欧派获胜和特朗普崛起的所有原因，这两大事件背后有许多原因，贸易仅仅是其中一个原因，也许还不是最重要的原因；此外，预测美国未来可能走向贸易保护主义这一趋势，并不代表我认同这一趋势；而理解愤怒的选民为什么愤怒，也不意味着我赞同那些政治上获益于选民的愤怒、但最终只能让这些选民更加愤怒的蛊惑民心的政客；同理，理解英国脱欧派和特朗普获胜背后的经济、社会问题，更不等于我认同他们解决问题的方案，其实，他们的某些带有民粹主义色彩的政策和计划，例如对中国进口美国的产品征收45%的关税、惩罚那些在海外设厂的美国企业等等，不仅不会治疗全球化带来的经济、社会弊病，反而会加重这些弊病，恰如1930年美国总统胡佛签署成为法律的《斯姆特－霍利关税法》，试图以高关税壁垒保护美国市场，但被后来许多经济学家和历史学家视为导致美国和全球经济大萧条恶化的主要原因。

就拿前面提到的美国开利公司的新闻来说吧，美国印第安纳州鲍尔州立大学经济系教授迈克尔·希克斯（Michael Hicks）便指出，开利公司在美国的平均工人成本约每小时30美元，在墨西哥则是每小时3美元，他认为，特朗普与开利达成的协议并没有解决美国制造业长期面对的问题，其中一个问题是科技与自动化提高了生产力和产量，但制造业的就业人数却持续减少。而曾与希拉里竞争民主党总统候选人提名的参议员桑德斯，则批评特朗普与开利达成协议等于是向美国公司发出信号，即他们可以利用工作外包来威胁政府，以此换取税收减免。

中国成了自由贸易的旗手？

如果说2016年全球十大热门新闻肯定包括英国脱欧公投和特朗普胜选，那么，2016年中国的十大热门新闻是什么？

我想，下面这几条新闻，论其重要程度，也许难以入选2016年的中国十大热门新闻，但其重要性也许几年以后或几十年以后会渐渐显现：

（1）2016年9月4—5日，G20峰会在中国杭州举行。此时，美国总统竞选活动正在反全球化、反自由贸易的喧嚣中进行，中国国家主席习近平在杭州G20峰会上却呼吁与会各国恪守不采取新的保护主义措施的承诺，建设开放型世界经济，继续推动贸易和投资自由化便利化。

（2）2016年10月1日，中国国庆节。国际货币基金组织在这一天送给中国一份"节日礼物"：把人民币纳入特别提款权（SDR）货币篮子。

（3）2016年11月19—20日，在特朗普出人意料地赢得美国总统大选之后不久，亚太经合组织（APEC）秘鲁峰会在该国首都利马举行。因特朗普竞选期间许诺上台后第一件事就是废除TPP，中国得以在这次APEC峰会上重新力推建立范围更为广泛的亚太自由贸易区。英国《金融时报》经济社评撰稿人马丁·桑德布因此而感叹:这一次,"中国成了全球经济开放的领头羊,这着实是个奇怪的世界"。

但是,全球化没有西方的参与,尤其是美国的参与,最多只能算是"半球化"。

魏城

(专栏作家)

2016年12月

经济全球化后果震荡欧美政坛

美国大选后，因为特朗普的当选，世界一些国家非常紧张，一些媒体纷纷评论猜测，似乎都在希望希拉里能够当选。但应当说，他们的这些愿望都是从各国自己的利益出发，有多少人是从美国及美国人民的利益出发来换位思考，来理解。难怪特朗普会说，美国保护了这么多年欧洲和日本等，我们自己得到了什么？

分析这一年来欧美政治气氛的变化，整个社会都有向右转的倾向。究其原因，是20世纪80年代以来经济全球化造成对工业发达国家的冲击，社会底层没有在经济全球化中获利，甚至受害。于是社会两极分化。而对美国，还增添一重历史包袱，即国父们留给美国后人对国际社会的责任。两位候选人，希拉里是民主党左翼，特朗普是共和党右翼，他们的政治分野，基于他们对经济全球化和对国际社会责任的认同程度。

第一次经济全球化

欧洲经济自古落后，公元1000年前后只占世界经济的15%，当时的世界经济中心在中东与中国，当时的商路是横跨黄海与地中海的丝绸之路。这个时期的经济交流形式：原料与生产都在同一地，通过遥远的商路到达消费者之手。因为路途遥远，能进行经济交流的只有价格昂贵、体积较小的调味品、首饰或装饰品之类。在欧洲本土，从 12 世纪就在法国香槟和德国法兰克福开始了博览会，但规模较小。总之，丝绸之路还谈不上今日意义上的经济全球化。

17 世纪英国工业革命、荷兰商业革命后，引发了欧洲的第一次产业革命，带动了法国、德国和意大利等欧洲国家现代化，世界经济中心逐步从亚洲转移到欧洲——到一次世界大战前夕，欧洲经济已占世界经济的 45%，荷兰鹿特丹的船运业务占了全世界一半以上，而直到 19 世纪，俄国、中国、巴西等依旧是传统、落后的农业国。

推动经济全球化的另一个重要因素，是交通工具即运输业的现代化。自 1869 年美国纽约到旧金山的陆路通车，埃及苏伊士运河的海路通航，人们在 80 天之内就可以周游世界。运输业的现代化加快了货物运输速度，降低了运输成本，此时交流的不再仅仅是昂贵商品，也可以是大规模的日常商品，使全球性的大规模经济交流成为可能。

1870 年左右，开始了人类历史上的第一次经济全球化浪潮，主导者显然是英国。参与经济交流的主要是欧洲、北美洲、南美洲和英国在各地的殖民地，其次是远东的中国和日本。1870 年英国提出金本位，以黄金作为各国货币兑换的基础。1875 年 17 国代表在瑞士签署米制公约，统一长度与重量标准。1884 年 26 国代表在华盛顿签署本初子午线公约，统一时间度量……要实现经济全球化，首先要实现货币和度量的全球化。

古代经济交流是"商品"与"消费"两地，而第一次经济全球化则划分成"原料""生产"和"消费"三地：由工业落后的欧洲各国殖民地和美国生产棉花等农产品销往欧洲，由欧洲集中生产棉布衣服等成品，再销售给世界各国消费者。其结果，促进了技术落后地区的农业发展和技术先进地区的工业发展。或相反地说，削弱了技术落后地区的小作坊和技术先进地区的农业。于是，欧洲农民只能涌向工业，这就出现了英国曼彻斯特和德国鲁尔区这样的工业重镇。这期间，英国出口量占全世界 26%，德国占 21%。

第一次世界大战中断了第一次经济全球化。战后美国崛起，不仅政治上美国替代了英国，金融上纽约替代了伦敦，而且工业上美国的通用电力公司、福特汽车等成为欧洲公司的竞争者。在美国主导下，1920年创立联合国的前身国际联盟（League of Nations），重新恢复国际秩序，欲恢复第一次经济全球化。可惜好景不长，1929年发生全球经济危机（全球化所引发？），引发了社会危机，不久爆发第二次世界大战。

战后美国希望重新恢复第一次经济全球化，但世界已经分裂成东、西方两大阵营，最多实现经济半球化。西方世界以美国为中心，货币兑换转为美元本位，即各国货币与美元兑换，美元与黄金挂钩（1971年取消）。这期间西方推出世贸协会（WTO）、世贸协议（GATT）、服务贸易总协定（GATS）、货币基金（IWS）和世界银行等。欧洲出现欧洲经济共同体，没有全球化就先搞欧洲化。

第二次经济全球化

经历过1973年和1979年两次中东石油危机，西方的经济结构发生了变化。而东方世界越来越看到计划经济的困境，中国等许多国家开始经济改革，部分开放市场经济，靠拢西方。尤其1989年东欧易帜，全面市场开放，成为第二次经济全球化的最好契机，美国、日本等在中国等亚洲地区、在南美洲和中美洲开始了大规模、多领域的投资。

第二次经济全球化出现在一个全新的技术环境下。值得一提的是"集装箱革命"，采用标准化的集装箱大大降低了运输成本，其意义堪与发明蒸汽机和发明火车并举，现在已经普及运用到90%的国际运输业中。被誉为"世界工厂"中国成为集装箱运输的世界冠军，占全世界26%（2009年数据）。在这种前提下，再通过一系列的世贸协议减少关税等跨国贸易壁垒，使大规模的异地生产和全世界销售成为可能。

计算机、手机和网络的广泛应用，可以管理更复杂的生产、运输和销售系统，进而将生产和管理标准化。这就引发了第二次经济全球化与第一次经济全球化的最本质区别：产品质量不一定靠操作者的人力来控制，而可以通过标准化的生产过程、靠电脑来保障。既然如此，除了技术要求特别高的产品研究、开发、设计、总体管理等依旧留在企业原发地外，普通产品的生产就不一定放在技术水平较高的原发地，而可以挪到技术水平较低、低工资、低成本的地区，大大降低了企业的生产成本。

1985年美国经济学家迈克尔·尤金·波特（Michael Eugene Porter）提出产业链概念（Value Chain），将一个产品的研发、生产、销售、结算、管理等分离成独立单元，每个单元都是一个增值过程，都可以优化到最佳。而这些新技术给企业带来更大的经济活动自由度，把一个产品的各个环节设置在不同地区，甚至公司都不需要设立在公司原发地，至少其分公司可以设立在世界各地。全世界这样的跨国公司1990年已经有3.5万家，2000年就发展到6.3万家，金融危机前夕的2008年发展到8.2万家，这些公司拥有的国外子公司多达80万家。与此同时，那些发展中国家出于种种原因，也将本土企业移往国外，仅仅在1995—2000年之间，就从3800家发展到1.2万家，翻了3倍——经济完全国际化。

同样，现代通信技术促进了世界信息交流，许多无人问津的小岛一跃成为逃税天堂，许多企业在那里注册或逃税，成为经济全球化的蛀虫。例如生产iPhone的苹果公司就通过英属的加勒比岛，估计逃税2150亿美元。在大约30个这样的逃税天堂中，美国企业藏匿了约16500亿美元。

这样的经济全球化，获利最多的是原经济落后的地区。只要融入这个经济圈，该地区的经济和技术自然被发达国家带动起来。在过去的25年中，走向民主的国家增加了一倍，全世界贫困人口从原来的40%，下降到10%以下。所以尽管全球化给原发达国家经济带来许多弊端，奥巴马还是认定：在全球化上，我们只能前进，不能后退。经济全球化，客观上成为富国对穷国的补偿，以缩小由于历史原因造成的经济与技术的巨大差异。

经济全球化的挫折

经济国际化了,却没有统一有力的国际组织管理规范,也没有国际法庭约束,各国又有不同的文化、宗教、经济结构和政治体系。一旦哪里遇到问题,马上蔓延成全球性经济或金融危机,这不是某个国家能够独立解决的。例如2008年金融危机,原发地美国,却波及全球。

各国有不同的劳工保护、妇女保护、环境保护、社会保险等,这些都直接影响到生产成本,所以贫富国之间是一场不平等的市场竞争。经济发达国家的这类"附加成本"显然高于经济落后国家,从而至少在生产环节,原经济发达国家失去了竞争能力,逐步将本土的生产线移到低成本地区,或者直接进口低成本地区的商品。尤其是在农业上,例如欧盟必须给农民经济补贴,否则欧盟农业市场全被外来农产品淹没了。

这种"不平等"造成的表面现象就是外贸逆差问题,2015年美国外贸逆差居世界第一,高达 –8030.3 亿美元,这也是引起这次美国政坛翻船的原因之一。第二位英国是 –1653.6 亿美元,然后依次是印度 –1248.3 亿,法国 –667.6 亿,土耳其 –633.2 亿,中国香港 –488.3 亿……

2015年美国与欧洲贸易:进口4922亿美元,出口3197亿美元,逆差 –1725亿。其中逆差较多的是美国对德国贸易:进口1140亿美元,出口590亿美元,逆差 –550亿。为此美国多次点名责怪德国汽车业。

2015年美国与亚洲贸易:进口10066亿美元,出口4575亿美元,逆差 –5491亿,是美国对欧洲逆差的3倍多。其中逆差最多的是美国对中国贸易:进口4819亿美元,出口1162亿美元,逆差 –3657亿,几乎占了美国整个外贸逆差的一半(美国对日本逆差 –686亿,对韩国和印度逆差 –283亿和 –232亿)。奥巴马埋怨中国政府操纵人民币兑换率,特朗普大选时索性提出要对中国商品设立45%进口税。

所以，特朗普上任首先受到直接影响的应当是中国经济——美国一直是中国最大的贸易伙伴，中国对美贸易是对日贸易的2倍，等量于对整个欧盟国家的贸易量总和。

外贸逆差还只是对总体的国民经济而言。在经济全球化浪潮中，对原来经济落后的国家，应当是各个阶层都获利，但由于制度原因，获利分配非常悬殊，同样会造成社会冲突。而原经济发达的国家，则有人获利，有人失利。

获利最多的自然是跨国企业，他们将生产线移到低成本地区，市场也延伸到这些新生市场。降低了生产成本，扩大了市场，就提高了赢利。商人直接进口低成本地区的商品倾销美国市场，获利更多。美国政府和社会早就看到贸易逆差对美国的危害，希望采取措施逆转局面，但就是受到这些财团和企业即所谓的"精英"阶层的阻扰，政府也不敢轻易得罪这些精英。这些企业股东和经理的收入都是天文数字，例如奔驰汽车公司总裁迪特·蔡澈（Dieter Zetsche）的工资是同年龄的德国总理默克尔的67倍！相对社会底层，精英阶层享受到全球自由贸易和电子信息带来的物质和精神富足。

对于一个封闭的经济体系来说，社会需要各种人，从最高的知识阶层，到最简单的流水线工人。而对于一个开放的经济体系而言，就出现了经济分工。跨国企业因为市场扩大（以前只是本国市场，现在是全世界市场），需要更多的管理人才和技术人才；但没有了生产线，简单劳动力的需求减少，企业把对劳工的责任推给了社会。这就可以理解，这些国家一方面要解决严重的失业问题，另一方面又无限制从国外引进技术人员。所以，没有获得专业学习的人就成为经济全球化的最大失利者，这种失利不是他们自己的选择，是社会结构转变强加给他们的。所以，穷者变得更穷。

贫富差异的定量是根据收入和财产分配的基尼系数。根据收入的基尼系数从1985—2014年的20年中，据经济合作与发展组织（OECD）统计，所有34个OECD工业国情况都变糟，从平均0.29增长到0.32。其中：美国从0.34提高到0.40，英国从0.31到0.36，法国从0.28到0.29，德国从0.25到0.29，甚至北欧社会主义的瑞典，都从 0.20 激增到 0.28，达到德法的"资本主义"程度——中国 2014 年是 0.47，贫富如此悬殊，应该引起高度重视。

尤其是，很多发达国家的传统企业经受不了发展中国家的商品涌入，纷纷倒闭。据美国学者统计，因为中国商品出口美国，1990 年迄今，美国工业界损失了 690 万个工作位置，其中制造业 150 万个。对失业者来说，他们对经济全球化并没有好感。这就能理解，为什么这么多人赞同英国脱欧和投票支持普朗特。

世界经济面临新的转折

英国脱欧，欧盟多国的右翼蔓延强大，一方面威胁着这个自由世界——经济发达的国家几乎都是崇尚自由民主的国家——同时也给这个自由世界敲响了警钟，必须严肃审视经济全球化对社会各个阶层的影响，要让从贫到富的社会各阶层都能分享到经济发展的成果，而不是仅仅看国民生产总值、股市指数、对外贸易量、税收等宏观的国民经济指标。

有些人的失利是直接的，如物价上涨，实际工资减少，甚至失业。而更多人的失利是心理上的。每个人都希望对自己、对家人、对未来有一个安全感。而在经济和技术动荡的时代，本来就生活在社会底层的人就更失去了安全感，尽管没有失业，但是担心失业，担心自己的孩子以后没钱上大学。他们生活在一个工业国家，本来有一种优越感。现在突然发现，他们什么都没有了。许多右翼党派并没有自己的政治纲领，严格说都称不上反对党，而是抗议党，就是利用人们的这种恐惧心理，成为右翼蔓延的温床。

回顾第一次经济全球化的败局：1929 年发生世界经济危机，各国为了自保，立即采取贸易保护主义。

1930 年美国对 2 万种商品提高关税，以此提示欧洲各国也要提高关税。短短三年中，世界贸易量从 30 亿美元降到 10 亿美元。

英国采取所谓"Beggar thy neighbor"（让你的邻居破产成乞丐）的恶性竞

争手段，放弃货币兑换的金本位，以便英镑贬值，降低英国产品在国外的价格。

德国受到的伤害最大，外贸量从135亿帝国马克骤降到57亿，工业产值下降40%，经济危机导致社会危机，引发政治危机，极右的纳粹党迅速发展，从危机前夕的1928年议会大选获2.6%占票率的小党，于1933年大选中以33.1%占票率一跃成为德国第一大党。

第二次经济全球化不应当像第一次经济全球化的结局这么惨，但许多现象会相近，如贸易保护主义盛行，右翼势力蔓延，以往的历史可以引起深思。

第二次经济全球化大致分成三个阶段。

第一阶段：从1990年到2006年的16年间，天时地利人和促进了西方工业国家在全世界的投资和开展贸易，世界经济突飞猛进。

第二阶段：从2006年迄今的10年，经历金融危机，经过20多年全球化过程，经济发展了，但社会分化了，人们在经济动荡中进入反思，进入现实。

第三阶段：从现在开始，全面调整经济全球化结构。刚巧还是英美两国发端，是第一次和第二次经济全球化的主导国。

重新调整经济全球化的目的应当非常明确：全球化不能以牺牲底层老百姓的利益为代价。最重要的是保障本土的职业位置，使蓝领、白领都不至于流入失业大军。要实现这点，就要吸引美国公司，尤其是其生产线重新回归美国。但美国是法治国家和市场经济，经济生活由法制保障，不是总统或政府所能干涉。政府只能设立相应的政策来吸引企业回归美国，显然只有两条渠道：

一、提高关税，加重国外产品进入美国的成本，例如特朗普大选时扬言要提高中国进口商品的关税到45%，提高墨西哥进口商品关税到35%；

二、降低企业税，即增加在美企业的赢利。例如特朗特提出企业税要从35%降到15%。

但要真正实现这两者也不是这么容易，经济体像一个大雪球，有其惯性，有其自身的经济规律；这样的政策将有损许多企业的利益，这些企业一定会通过媒体、通过议会游说来阻扰政策实施。尚未大选时特朗普就遭到370位经济学家包括8位诺贝尔经济学奖得主的联名抗议。

  为了安抚企业界，特朗普提出在今后10年国家投资28500亿美元搞基础建设，还要取消遗产税、个人税……这是里根当年采取的"小政府、低税收、少干预"经济政策。但这么多国家开支哪里来？又要举债？特朗普又声称，要在他执政的8年内，将美国的20万亿美元国债全部变零。这些话似乎都很矛盾。所以，还是让特朗普先生冷静地休息一番，想想到底该怎么办，来日方长。

钱跃君

（旅德学者）

全球化未兑现的承诺

约瑟夫·斯蒂格利茨：

过去几年是世界经济发展最快的时间，尤其是新兴市场的成功使好几亿人脱贫。但是现在经济秩序受到了挑战，美国新当选的总统特朗普的政策有很大的不确定性。

比如说关税、货币操纵的一些措施，所有这些可能会指向贸易战，尤其是他对全球化持批评态度。有关全球化存在着一些错误的观点，在克林顿和其他总统执政时都有这种情况，比如说创造就业方面认为，出口会产生工作，进口会摧毁工作。出口的是资本密集型，进口是劳动密集型，这会导致工作的损失。其实贸易不是有关工作的，而是涉及货币政策和财政政策，归根到底涉及生活品质的问题，但绝不是有关工作的问题。

美国的经济模式用错了，2008年金融危机之后，美国的失业率还是很高的，贸易对就业产生了重大负面影响。但即使在就业比较好的早期，有些部门还是受到了负面的影响，所以美国特别关注来自中国的大量进口商品。贸易领域可以说失业率很高，工资也比较低，所以美国学术界有这样的看法，贸易给这些就业领域带来负面影响，对整个社区产生影响。比如说对房产价值的影响、对服务贸易的影响、对中小企业的影响，还有对金融市场也产生了负面的影响。这就是为什么现在特朗普会反对全球化。

我们也必须以美国和其他国家更广泛的背景来看待这个问题，90%的人在过去几十年工资没有增长，与四年以前相比，全职工作者的收入也没有增长，他们的工作安全性受到了威胁。2015年，美国人均寿命也下降了，这些人也是支持特朗普总统的。肯尼迪总统曾经说发展会解决所有问题，技术进步也是这样，一定意义上确实如此。我觉得中产阶级不反对技术进步，整个社会也不可能反对技术进步，但是通过民调发现，这些人是难以应付不平等的贸易协议和技术进步的。全球化可以说加剧了经济体制的不公平、不平等，令这些人觉得什么都不能做。因此，那些政客就可以加以利用。从分析的角度来说，那些设计过度夸张了，比如说奥巴马总统推行的TPP涉及了全世界14%的贸易，它对增长的净好处是50年以后只有0.5%，而且这还是非常好的一个数字，还有人说它的净好处是0。我觉得出现这个问题是由于思考的模式出了问题，没有考虑到开放贸易带来的风险，如果这些风险没有得到很好的管理，最终的好处不会多。

市场竞争加剧，如果没有很好的管理，就会产生相反的局面，比如说南非。过高地估计了好处，过低地估计了成本，这是真正的问题。经济理论在过去六十年就曾指出，开放贸易可能降低那些没有技巧的工人的工资，所以我想对经济学家来说，现在的情况并不令人吃惊，但实际情况可能更加糟糕，因为他们还没有考虑到这些人话语权的丧失，而且立法更进一步影响了这些工人的话语权。全球化再加上这些负面的影响，使他们的处境非常糟糕。中产阶级说，我们的工资降低了、我们的话语权降低了、我们的工作条件降低了，我们需要更多的政府投入，但是政府投入在减少，全球化给我们带来什么好处？而且全球化提供了一种避税的方式，更多人在偷税逃税，那些创新公司钻了这个空子，全球化并没有遏制这样的现象，这本身反映了全球化呈现的不对称性。

很明显，特朗普政府宣传的保护主义，就是一条他们认为可以解决问题的方式。但这么做可能会导致更多工作机会的丧失，因为经济已经适应了现在的供应链，改变这个供应链的话，就会导致工作机会丧失。此外，它破坏了法治，这一点让我非常不安，因为这是经济运行的基础，这会导致新的不公平。

新的保护主义是不可能成型的，我们想要回到以前，也就是20世纪五六十年代的社会，这是不可能的。如果全球制造业领域的就业机会在下降，发达国家在这方面也会减少。我可以讲两点：一是贸易协定有问题。在我的关于全球化的书里提到贸易协定是不平衡的，只对美国和发达国家有利。如果说我们希望实现社会平衡，我们就要实现贸易再平衡，但实际上现实是相反的。第二个问题是，很大程度上这些贸易协定不是由市民利益驱动的，而是由一些特别的经济或者金融集团所驱动。比如知识产权保护方面的条款，它主要是让制药生产变得更加困难，这样的话仿生药就很难有生存的空间，其实是保护了大的制药企业的利益。新的协定必须换一种方式来谈，必须要反映普通老百姓的利益。调整的核心呢？应该是再分配问题。现在那些排在前面的人收益非常多，而因为全球化那些没有实际技能的工人工资却下降很多。所以我们需要的是一个一体化的政策，然后通过这个政策实现收入的再平衡。我们应该采取一系列的行动，包括更好的社保，我们需要的是没有保护主义的社会保障措施。

接下来我想非常快速地说一下中国应该如何应对。中国应该还是有一些基本原则可以遵循的。虽然特朗普决定打破WTO的一些规则，但是我认为中国还是有必要在国际规则的框架之内以及中国自己的法规范围之内去运行，要寻找和美国的合作机会，要意识到贸易是对各国都有好处的事情。特朗普现在的关注是双边的，这是不合理的。但美国如果退出或者后退，那么对于中国来讲就意味着有和其他国家合作的空间。

对我来讲，有一点比较令人乐观，就是美国在积极地创建国际组织。我觉得这些国际组织现在是可以独立存在的。中国可以积极地支持这些已有的国际组织或者是机构，来填补美国不再那么积极而留下的一些空白。中国也应该利用好现在的机会来推动自己的议程，从出口转向内销、供给侧改革等等，特朗普的政策可以被用来帮助中国实现这样的转型。

我们要着眼长远，美国的资本主义和政治体系的缺点是非常短视，中国要制定出避免这种只看短期的规则。中国要建立一些开放的体系，现在是一个非常重要的历史时期，全球地缘政治和经济秩序正在发生变化，21世纪会和二战之后的体系很不一样，特朗普的行动只会推动这种变化，增加人们的紧迫感，今后的世界将是更加多极的，我们要更加维护好平稳增长，21世纪的变化会继续支持各个国家以及各个国家人民生活水平的提高。

埃里克·马斯金：

全球化在过去二三十年间影响是非常大的。这里的全球化，我指的是更多的国际贸易和更多的国际生产。全球化的原因是多方面的，比如运输成本下降，还有一点更加重要，就是沟通成本和克服贸易障碍的成本都下降了。推动全球化的人做了很多承诺，尤其是承诺全球化可以带来繁荣，特别是对新兴经济体。在这方面，我觉得确实做得非常不错，中国就是其中最好的例子。中国和印度的人均GDP实现了巨大提升的原因之一就是全球化。

全球化还做了另外一个承诺，就是减少贫富差距，尤其是新兴经济体的收入差距。很多国家出现了正好相反的情况，印度就是其中的例子，贫富差距由于全球化不但没有减少，反而增加了。要兑现这个承诺，恐怕要做许多工作，还有一个历史发展的过程。

也许你会问，这种贫富差距在新兴经济体中增加了，这是什么令人吃惊的事情吗？如果你看一下传统经济学的话，这个回答是肯定的。因为它违反了一个最基本的经济学原则，就是比较优势原则。不说两百年以前了，就说这一轮全球化以前，比较优势在多轮全球化中做得都非常出色，在收入分配方面也做得非常出色。

自由贸易应该减少新兴经济贫富差距的原因如下：根据比较优势的理论，国家之间的重要差别是生产要素不一样，不同国家拥有不同的比较优势。为什么富国比较富呢？因为跟贫国相比，富国有更多的有技能的劳动者。我们假设有一个富国和一个新兴经济体，富国因为有高比例的技能工人，所以它在生产商品的时候有优势，因为它可以更加高效地使用高技能工人。比如说计算机软件，也是富国的比较优势。新兴经济体的比较优势，是它们有土地这样的生产要素优势。

整理一下我们的思绪，在国际贸易之前新兴国家和发达国家有什么样的差距？看一下之前之后的生产方式，做一个比较，全球化带来什么样的影响？在全球化之前，发达国家既要设计软件，也要生产水稻，因为没有贸易就没有进口，所以要自己生产。新兴国家也是这样，它们自己既要设计软件也要生产大米，但是因为这些国家的工人更适合于生产水稻而不是软件，所以他们设计软件的效率不高。新兴国家低技能的工人因为软件的设计而受到影响，因为其实软件的设计不需要他们，而稻米的生产则需要他们，所以对低技能劳动力的需求其实是减少了，他们的工资因此减少。而发达国家恰恰相反，对高技能人才的需求增加了，他们的工资因此增加了。如果我们打通新兴国家和发达国家之间的道路，允许两个国家贸易，发达国家不再生产稻米而只设计软件，它们从新兴国家进口稻米；新兴国家不再设计软件而只生产水稻，它们从发达国家进口软件，这对低技能工人是好事，他们的工资会因此增加。同时对于高技能工人的需求减少，所以这些低技能工人工资增长，高技能工人工资降低，不平等就会减少。

刚才给大家介绍的是一个非常标准的说法，是全球化可以改善或者缩小新兴国家的不平等收入差距。这种方式在之前全球化的过程当中确实如此，比如说19世纪的时候，欧洲和北美的全球化过程确实如此，而且比较优势的理论确实站住了脚跟。但是这次全球化不一样了，这次全球化到底有什么不同的地方？

我和哈佛的一位同事麦克做的研究，不是说我们的理论取代了比较优势，而是一个补充。我们的观点是现在全球化的重要特点是生产过程的国际化。

我们想一想计算机，这个产品是在一个国家设计，比如在美国设计，在欧洲编程，在中国组装，其生产过程是全球化的。在这种全球化的生产过程中，我们需要的不光只是低技能或者高技能的工人，我们需要不同层级技能的工人。你可以把这些工人分为ABCD类，A是高技能的，依此类推，D是技能最低的。发达国家有大量A、B型工人，新兴国家有大量C和D型的工人。

工人工资要取决于这些工人如何一起来生产产品。我们想一下，生产过程包含不同的任务，先假设有两个任务，第一个任务是尤其需要技能的，比如说管理层的工作，还有一个任务不是那么需要技能的，比如说一些辅助性的工作。最终的产品需要由管理层和辅助型的人结合在一起，得出来的产品需要这两种不同任务的工人技能的结合。因为这两个任务对于技能的需求不一样，所以有人说要让那些高技能的人去做管理的工作，让低技能的人去做辅助性的工作。但是如果这两种技能的差别太大，这也是不高效的，因为这种情况之下，等于浪费了管理人的高技能，所以也不能说这两种工作的技能差得太大。其实这两个力量会朝两个方向走，而这两种力量的平衡取决于已有的或者可有的劳动力。

下面我们来做两个思想实验。两个国家，一个发达国家，还有一个是新兴国家。也是涉及四个层级的技能，在全球化之前的阶段，也就是说那个时候还不可能通过其他国家的工人参与到生产过程当中，这个时候在富裕国家有 A 和 B 两种不同工人的组合，在新兴国是有 C 和 D 级工人组合。那个时候两个国家之间不能结合，因为当时没有全球化，不可能做到。但是如果这种障碍取消了，全球化实现了，之后会怎么样？这就有了重新的调整，富裕国家的 B 级工人和贫穷国家 C 级工人进行匹配。和之前一样，我们可以看到这种新的组合给工资带来什么样的影响。但对于 D 类工人来讲，全球化不是什么好消息，全球化之前 D 级工人和 C 级工人相匹配，C 级工人技能更高一点，生产过程需要有两种不同的任务，D 级工人会受益。因为他们是和有更高技能的人合作，这样可以提高自己的生产率。但是现在全球化情况之下，C 级工人不再和 D 级工人合作，而是和富裕国家 B 级工人合作了，这对于 C 级工人来讲是好消息，因为他们的工资会增长。所以 C 级工人的工资在增长，但是 D 级工人工资在下滑，这个时候收入不平等就增加了。这就是不平等的变化。

我们得出什么结论呢？第一种可能是我们要试着停止全球化，从而阻止收入不平等的进一步恶化。但这样的做法有百害而无一利，因为全球化的模式里平均收入会因为全球化而增长，只是说财富的分配发生了变化。另一个更好的政策主张是增加 D 级工人的技能，这样的话，D 级工人能够拥有新的工作机会，就像 C 级工人一样。这是我们希望能够看到的。

问题是，对他们进行培训和教育是有成本的，谁来付钱呢？工人自己是没有办法来承担的，因为他们太穷了。我们也不能够指望企业提供足够的培训机会。因为如果我是一个 D 级工人，你雇用了我，对我进行了培训，我的技能增加了。首先你要付我更高的工资，你的投资相当于增加了，更加严重的是，之后我可能会去跟你竞争的公司工作，这种情况下你的投资完全浪费了，所以我们不能够指望雇主有足够的动力提供培训。如果说 D 级工人技能想要提高，只能靠第三方参与进来，可以是国内政府，也可以是国际机构或者是外国援助，或者是一些私有基金会，但这不是自动发生的，必须要有一些动力。也就是说收入不平等的扭转，不可能完全自动化地产生。

为什么政府要重视不平等呢？一个非常现实的原因是贫富悬殊越大的国家，因为不平等带来动荡的可能性越大，政府出于稳定的目的也必须重视并且采取措施，来解决收入不平等的问题。而且稳定对富人也是有好处的，如果动荡的话富人也会受到很大的影响。

如果你能够接受这种看问题的思路，那么正确的做法就是不要停止全球化，而是允许 D 级工人也能够分享更多的机会，让他们参与到全球化过程当中来。

约瑟夫·斯蒂格利茨
（美国著名经济学家、2001 年诺贝尔经济学奖得主）
埃里克·马斯金
（美国著名经济学家、2007 年诺贝尔经济学奖得主）

全球化会逆转吗？

历史的进程在过去两年间仿佛突然换挡，把这个世界带进一个重大事件的多发期，许多之前难以想象的事件接二连三地发生——ISIS的兴起、欧洲频发的恐怖袭击、难民危机的挑战、欧洲选举中右翼政党引人注目的表现、乌克兰危机、英国"脱欧"、特朗普当选为美国总统、日本执政联盟以多数优势在修改宪法这一议题上获胜、朝鲜半岛及南海周边的不安定局势、许多国家的民族主义抬头，这一系列事件以前所未有的密度带给我们一个接一个的冲击和震撼。

我们或许已经处于全球化钟摆运动的转折点，全球公共政策的主要议题正在从强调释放市场力量的新自由主义范式向主张社会保护转变；全球化在近期发生的顿挫还伴随着另一个新动向：发达国家公众长期以来对战后由美国主导的威尔逊自由主义国际秩序（Wilsonian liberal international order）的支持，正在被日益增长的孤立主义倾向取代。我们应该如何理解和解释正在发生的一切？这是否意味着全球化正在发生逆转？

全球化逆转的机制

本文将首先建立一个分析框架。这个框架以卡尔·波兰尼、杰奥瓦尼·阿瑞基和哈罗德·詹姆斯三位学者的洞见为基础。它包括波兰尼提出的全球化在释放市场力量和保护社会这两极之间进行钟摆运动的观点；阿瑞基关于从贸易与生产的扩张到财政与金融的扩张的全球化周期是世界霸权秩序兴衰的驱动力的讨论；以及詹姆斯的观点——管理全球化的制度本身的缺陷导致反自由贸易和反移民运动的兴起，而这两个运动的兴起则可能是全球化逆转的导火索。

这三种理论有助于我们厘清当前国际政治潮流背后的驱动力，但是我们亟需一个新视角来进一步理解全球化逆转的政治过程，即全球化的意识形态如何影响各国应对全球化危机，以及这种影响如何导致反自由贸易和反移民运动的兴起。

以上述理论框架为基础，本文将全球化分成两个阶段。

第一阶段是 20 世纪 70 年代后期至 2008 年全球金融危机。这一阶段的显著特征是新自由主义意识形态的兴起。在这一意识形态的驱动下，释放市场力量的努力，作为解决此前多年保护社会（social-protection）的努力带来的经济低效率的措施，推动了全球生产体系的兴起，促进了全球贸易与生产的扩张，进而带动了诸多发达国家和发展中国家财政与金融的扩张。然而，国际金融秩序的失序和国内金融机构的失策最终导致 2008 年全球金融危机的爆发。

2008 年至今是全球化的第二阶段。在这一阶段，被深度制度化的关于自由贸易和移民的理念严重地影响了发达国家为全球化产生的各种问题寻找解决方案的努力。既存霸权国美国为了应对中国的崛起试图通过 TPP 进一步向国外资本开放国内市场，期待用这个贸易协定为它在与中国之间的地缘政治竞争中吸引盟友；欧盟这个超国家的政治经济体，为应对日益严峻的难民危机，计划积极地接纳大量移民。

上述种种措施，让已经在全球化进程中利益受损的人们感到极大的恐慌。虽然公众舆论普遍认为各国应该在全球化危机爆发后做出重大的政策调整，增强保护社会的措施，但是许多国家在过去几十年全球化上升期形成的思维惯性，使他们关于政策的讨论仍然沿着新自由主义的轨迹展开。这引起了公众极大的不满,最终在发达国家中刺激了反自由贸易和反移民运动的迅速发展。从这层意义上讲,正是各国政府在应对全球化危机时的循规蹈矩,无法迅速调整公共政策加强保护社会这一失败本身在触发全球化过程的逆转。

为什么全球化会发生逆转?既有理论有三种不同的解释。

卡尔·波兰尼从一个结构性视角看待资本主义经济的长程运动。在他堪称经典的关于上一轮全球化周期的研究中,波兰尼力证19世纪晚期开始的释放市场力量的努力最终导致了1929—1933年的大萧条,而支持保护社会的政治势力又催生了20世纪30年代的法西斯主义、罗斯福新政和社会主义。笔者认为,如果把波兰尼的分析框架进一步推展至20世纪下半叶,我们不难发现,二战以后,无论是国际经济秩序,还是各国国内的经济治理结构,都广泛地建立了为防止大萧条再次发生(depression-preventing)的保护社会的机制。然而从20世纪70年代开始,随着布雷顿森林体系的崩溃和两次石油危机的出现,资本主义经济又经历了新一轮的剧变:主张释放市场力量的新自由主义主导了许多国家的公共政策范式,世界进入到一个新的全球化时代。这一轮的全球化在2008年达到顶峰,全球金融危机的爆发使全球化进入下行的轨道。

相比于波兰尼,阿瑞基更为强调全球化中财政与金融扩张的不稳定特性。在阿瑞基看来,在1950年到1971年间国际贸易与生产的扩张过程中,工业化国家的跨国公司进行了大量的固定资本投资,但是这些国家日益遭遇来自后发工业国的激烈竞争,这导致它们在20世纪70年代盈利能力下滑。在这种环境下,财政与金融的扩张成为获得利润的一种替代途径,这导致发达国家银行普遍向第三世界提供贷款,以及欧洲美元市场成长。由于"货币像能结实的种子一样助推善举的能力与它可怕的、极具破坏性的毁灭能力不相伯仲,在贸易政策中信贷可能比保护主义更危险","财政与金融的扩张早晚会导致一场全球规模的资本主义经济危机,在危机中旧的全球经济秩序被摧毁,一个新的秩序被建立"。阿瑞基及其研究团队的成果显示这种周期性在资本主义的历史上已经三次出现在荷兰、英国和美国霸权的兴衰过程中。目前国际经济中的金融不稳定性，以及大国之间日益紧张的关系每天都在为阿瑞基的理论提供最新的例证。

与波兰尼和阿瑞基的结构性视角不同，哈罗德·詹姆斯坚信制度是导致全球化逆转的罪魁祸首。在他关于上一轮全球化的研究中，他找到了显示"钟摆运动"逆转开始的重要信号。国际金融秩序的失灵会导致严重的金融危机；商品和人的跨国自由流动给各工业国生活水平和工作机会带来的消极影响会激起人们对自由贸易和移民的强烈政治反弹。历史也许不会重蹈覆辙，但詹姆斯关于反自由贸易和反移民趋势表明全球化可能逆转的观点，对于我们理解当前西欧与北美正在发生的事情也还是有重要启示的。

与詹姆斯重视制度缺陷的观点不同，本文从组织生态学与组织制度学派的视角揭示制度因素对全球化逆转的影响。组织生态学的视角将为我们揭示理解全球化逆转的因果机制。它指出，组织在迅速变化的环境中无法做出及时的重要调整，因而失败的根源在于组织内部有强大的惯性。从这一视角出发，本文将重点分析当开放型经济遭遇全球化的重大危机，客观环境已经要求政府的政策范式从释放市场力量向保护社会转变时，但政府不仅不能采取有效措施以减少公众在危机中日益增加的恐慌，反而要进一步释放市场力量，这是导致民粹主义兴起、全球化发生逆转的重要因果机制。组织制度学派则为我们揭示这个惯性的来源和具体的作用形式。它认为人类经常依赖过去被证明行之有效的旧办法去应对在截然不同的新环境下出现的新问题。受这一观点的启发，本文将着重分析面对全球化带来的危机，深受过去政策范式惯性影响的各国政府，在全球化已经造成国内政治紧张的条件下，为何还要进一步扩大商品、资本和人的跨国自由流动。正是这种政策范式的惯性使发达国家的政治精英和普通民众之间产生巨大的认知鸿沟。

本文认为，虽然当前已经出现全球化逆转的各种迹象，但最后是否会真的逆转，还要看未来的一年里发达国家的几个重要抉择。目前，英国脱欧和美国大选的选择已经为全球化的逆转提供了重要的推动力,但我们还要看意大利12月4日的宪法公投以及后续发展,还要看德国和意大利能否成功地度过他们面临的银行危机从而避免发生系统性的崩溃。如果德意不能化解这一危机,2008年以来迅速膨胀的全球债务泡沫破灭,也许会成为压断全球化命运的最后一根稻草。

全球化神话的出现与全球化的上升期

自20世纪70年代晚期开始,全球经济进入了一个快速的转型期。1971年,美国政府让美元与黄金脱钩,布雷顿森林体系崩溃。两次石油危机终结了二战以后经济增长的黄金时代。大萧条和二战以来为保护社会而建立起来的各种制度在经济停滞时期显得效率低下。在这种背景下,发达国家开始致力于释放市场力量。自由化、私有化和放松规制成为许多国家公共政策的主导性议程。受"华盛顿共识"(Washington Consensus)这一新自由主义意识形态的驱动,得益于价值链理论的启发和信息革命的支撑,全球生产体系的兴起在发达国家和发展中国家引发了外包(outsourcing)的潮流并带来外国直接投资的快速增长。作为全球生产的结果,跨国公司内部的企业间贸易(intra-firmtrade)成为全球贸易的一种新形式。《关税与贸易总协定》为世界贸易组织(World Trade Organization)所替代,由此导致资本、商品、技术和人员的跨国自由流动迅速上升。世界见证了一个超国家的欧洲共同体的兴起,欧盟和欧元区的成立似乎显示一个传统的民族国家日渐式微的时代很快就会到来。

新自由主义的意识形态支撑了过去的40年中各国在全球化钟摆运动中释放市场力量的努力,也支撑了霸权兴衰周期中的贸易/生产和金融的扩张。新自由主义兴起的背景是20世纪70年代布雷顿森林体系崩溃和第一次石油危机爆发后全球经济遭遇的停滞和通货膨胀,这一意识形态奠定了"华盛顿共识"这一公共政策范式的基础。哈耶克在20世纪40年代提出的理念,透过多种渠道，包括企业支持的智库、媒体、大学、教会和专业团体，"营造出只有新自由主义才是自由独一无二的守护神这样一种舆论环境。这个新自由主义运动先是通过攻陷政党，最终是通过政党攻陷国家权力，巩固了自身的影响"。"华盛顿共识"的内涵最初相对狭窄：在国内层面，"华盛顿共识"呼吁引入更多的市场力量、保护产权、减少国债、实现国有企业的私有化、放松规制以及将公共支出的重点由提供补贴转向鼓励增长；在国际层面，"华盛顿共识"倡导的主要公共政策议程，包括在发展中国家促进自由贸易、鼓励竞争性汇率和开放外国直接投资。许多发展中国家，尤其是拉美地区的发展中国家，纷纷按"华盛顿共识"指引的方向推动改革。

自20世纪80年代中期以来，诞生于学术界的价值链理论也如暴风雨般席卷了北美大学的课堂。如果说"华盛顿共识"对发展中国家公共政策的转变影响更大，那么价值链理论则是在发达国家的跨国公司商业战略的转型中扮演了关键角色。这一理论将整个生产过程视作一个价值链（valuechain），一个特定的企业只可能在价值链的某些环节中具有竞争力。为提升经济效率，企业应专注于自己最擅长的生产环节，而将那些其他公司更具优势的生产环节外包出去。这一理论推动了价值链生产和外包的实践——换言之，价值链理论构成了全球生产体系的理论基础。全球生产的基本原理简明易懂：因为发展中国家有廉价的劳动力，只要他们能够以同等质量和效率进行生产，跨国公司将生产基地转移到发展中国家就是更经济的选择。

支持价值链生产的外国直接投资（FDI）在过去的30年里快速增长。根据世界银行的一项统计，从1970年到2015年，全球FDI总额达2.04万亿美元，获得外资最多的地区包括：东亚和太平洋国家获投资6041.8亿美元，北美4728.4亿美元，欧盟4213.2亿美元，拉美2535.3亿美元。作为世界工厂，中国获得4213.2亿美元的FDI，这里还不包括香港地区另外获得的1808.4亿美元。在20世纪70年代之前，FDI的主要目的是控制受入国的自然资源、满足当地的市场需求以及摧毁当地潜在的竞争对手。然而，自从"外包"开始以来，利用当地的廉价劳动力也成为 FDI 的重要动机。

全球生产和外包的实践深刻地改变了国际贸易的形式。在过去，国际贸易以产业间贸易（inter-industry trade）为主，不同的国家生产不同的工业品，他们通过贸易互通有无。以李嘉图学派提出的"比较优势"（comparative advantage）概念为基础的正统国际贸易理论，比较好地解释了这一贸易形式。然而，在过去几十年间，另外两种国际贸易形式变得更具影响：一是产业内贸易（intra-industrytrade），即不同国家生产同一种产品，但是相互之间仍然就此种产品进行贸易。例如，美国、德国和日本都生产汽车，但是他们都同时将本国生产的汽车卖给对方。二是企业内贸易（intra-firmtrade），即跨国公司在不同国家的子公司之间，或者总部与子公司之间进行贸易往来。在 2009 年，美国 48% 的总进口额和 30% 的总出口额都源自于企业内贸易。更值得注意的是，就跨国公司不同子公司的企业内贸易份额而言，2007 年以色列高达 65%，2002 年瑞典高达 64%，1994 年加拿大高达 57%，2008 年美国的占比高达 50%，2002 年荷兰为 49%，2007 年波兰为 47%，2008 年意大利为 43%。

以美国为代表的金融扩张集中在两个具体的领域，一是快速飙升的联邦债务，二是以次级贷款为代表的住房贷款抵押证券（MBS）。

联邦债务的居高不下与二战后国际金融秩序的制度缺陷有直接关系。这个金融秩序隐含的流动性创造机制中的"铸币权"问题，助长了美国政府对政策自主性强烈的选择偏好。

所谓"铸币权"是指"各国政府对货币发行的垄断赋予它们的随意增加公共支出的能力"，就美国而言是指联邦政府通过发行国债增加公共支出的能力。铸币权在征税和向金融市场借贷之外，为政府提供了一个增加国家收入的新路径。由于美元是国际关键货币，美国是流动性的主要提供者，其他国家需要美元作为外汇储备，美国政府必须发行超过自身需要的美元。既然美国政府通过发行债券为其他国家供应美元，它自然就有比它自己"赚来的钱要多很多的钱可以花"。战后美国一直得以保持美元的国际关键货币地位和全球流动性主要提供者的地位。在布雷顿森林体系下，美元的价值由美国的黄金储备支撑。1971年美国政府使美元与黄金脱钩，从而摆脱了为防止黄金外流而不得不保持适当货币供应水平的压力。此外，美国政府还与沙特阿拉伯达成秘密协议，继续以美元为石油计价。这导致了美元本位制的诞生。

巨额的联邦债务是美国政府强烈的政策自主性选择偏好的直接后果。由于可以借钱度日，美国政府经常同时追求多个耗费不菲的政策目标，这些政策对政府财政的影响经常是相互矛盾的。林登·约翰逊追求大幅减税，这导致联邦政府税收的减少。但是与此同时，他又提出"伟大社会计划"（Great Society Program）并全面升级越南战争——这两者都需要巨额的财政支出。罗纳德·里根实施了美国历史上最大额度的减税，但同时又在20世纪80年代发起"星球大战计划"（Star Wars Program），试图凭借自身强大的经济实力，将苏联的经济拖垮。小布什不仅大规模减税，而且同时发动伊拉克战争、阿富汗战争和反恐战争，由此形成巨额的预算赤字。

移民，即人的跨国界自由流动，是全球化的另一大测量指标。到了20世纪80年代，多元文化运动相继在欧洲和美国兴起。正如一位评论者所指出的，"对多样性的多元理解，过去被视为对正统观念的挑战，如今变成了正统观念本身"。而欧盟的诞生对其成员国的移民政策产生了深远影响。通过建立统一的、适用于所有成员国的法律体系，欧盟作为一个内部的"统一市场"的经济基础就是人才、商品、服务和资本在其中的自由流动。当然，在对外国工人开放准入的程度上，欧盟各成员国之间仍有着相当大的差异。

结构性变化：发达国家底层人民体验的全球化

为什么全球化会发生逆转？全球化导致重要的结构性变化，这些转变对不同社会群体的影响并不相同。全球化过程中的受益群体与受损群体之间的矛盾是全球化逆转的重要推动力。

全球化钟摆运动的内在逻辑其实很明确：释放市场力量必然带来更多的竞争；当市场竞争对不同社会群体造成不同影响时，社会内部就会形成紧张的政治矛盾。如果把这种现象再与阿瑞基关于全球化由生产和贸易扩张向金融扩张发展的讨论联系起来，我们可以发现一个突出的现象：那些可以直接或间接参与跨境经济活动的人们，和那些不能参与跨境经济活动的人们，在全球化过程中所处地位完全不同。资本所有者、高技能工人和职业白领能够自由地把自身的资源用在那些对这些资源需求最高的地方。相反，非技术与准技术工人和大多数中层企业管理人员对工作要求和工作环境不得不展示出更多的弹性，因为他们很容易为其他跨国境供给的工人所替代。全球化已经从根本上改变了雇主和雇员的关系。

2016年美国总统大选体现的社会分裂是一个长时期积累的结果。在长达40年的全球化过程中，发达国家已经经历了极为深刻的结构性变化。底层的社会群体面临着失去就业机会、收入不平等诸多问题，新移民和东道国某些社会群体之间的关系则日趋紧张。金融危机的爆发使他们的处境更为困难，而民主政治的失序使他们失去了解决问题的正常渠道，从而刺激了民粹主义的崛起。

全球化对发达国家的就业有消极影响。跨国公司把生产转移到海外，无论是离岸生产，还是外包，其结果都带走了制造业的工作机会。在1977年到1999年间，美国的跨国公司在国内制造业的就业岗位减少了300万个，同时却在发展中国家增加了就业机会，这种影响对那些低收入的发展中国家尤其明显。一般而言，一个跨国公司的海外分部在实际资本上每增加10%，其在美国所提供的就业就会减少0.1%—1.8%。如果跨国公司在其海外分部的实际注资额增长超过100%，它在美国国内制造业的就业机会可以减少多达18%。

在全球生产和外包的时代，发达国家的经济从衰退阶段复苏也出现了新类型：自20世纪90年代初以来，与以前相比，就业需要更长的时间才能恢复到经济衰退前的水平。在1991—1993年的美国经济衰退中，产值仅仅用了两个季度就恢复到衰退前的水平，但是就业却用了23个月。在2001年互联网泡沫破灭导致的衰退中，产值恢复只用了一个季度，就业数据却耗时38个月才恢复到衰退前的水平。在2008年全球金融危机引发的大衰退中，美国实际GDP总值在当年第三季度开始下跌，在2010年就已经出现再次增长。与此相反，失业率却一直到2016年5月才恢复到与2006—2007年度的4.6%相近的4.7%。正如印度央行总裁拉加恩指出的那样，当工作机会变得匮乏时，"脆弱的社会保障体系和失业型复苏的出现意味着，美国选民与其他发达国家的选民相比，更难以容忍经济的衰退"。

由移民产生的问题是发达国家面临的另一大挑战。这个挑战有两个侧面，一个是对就业的影响，另一个是新移民融合失败带来的社会问题。

移民对美国就业机会的影响主要是集中在非技术工人群体。根据一份研究报告，一般而言，非法移民对美国的工资标准没有多大影响。一份新近研究显示，如果非法移民突然间从美国消失，美国人的工资水平只会发生微小的变化。这是因为大多数美国人并不直接与非法移民竞争工作机会。然而，"美国高中辍学的人会从非法移民的急剧减少中获益"。支持特朗普反移民政策的社会群体，事实上是那些自身利益已经为美国移民政策所伤害的群体。

欧洲在移民问题上面临的挑战集中体现在新移民由于宗教文化原因没能成功融入主流社会所引发的问题。欧洲穆斯林移民的贫困及其融入东道国社会过程中所遭遇的困难，导致了较大的社会冲突。大约70%进入法国的移民来自其在北非和西非的前殖民地，其中阿尔及利亚和摩洛哥又是这些移民的最大来源国。此外，大概400万的穆斯林移民占法国人口总数的7%，法国是欧盟成员国中穆斯林移民人口比例最大的国家。参与法国最近骚乱的人不是第一代移民，而是移民二代或三代；在这个他们位处边缘而且没有希望改变的社会里，暴力被他们视为一线希望。

与多元文化主义的兴起相对应，与移民有关的案件大量在法国出现之前，就出现了一种新的关于同化的意识形态：它强调移民被东道国的文化彻底同化，而不是在东道国的文化中保留移民的母国文化。欧洲关于社会保护的呼吁，强调的是保护本国的文化认同、生活方式和宗教信仰的重要性。

由于金融危机的发生，这些在全球化过程中长期积累的负面影响，使得底层民众的境遇更为艰辛。2008年的金融危机对美国中产阶级有重大影响。根据一项关于次贷危机的评估，"在2007年6月到2008年11月间，美国家庭资产净值的损失超过四分之一。2008年11月初，标准普尔500指数这个包容度很高的美国股票指数，与2007年的高点相比已经下跌45%。房屋价格从2006年的最高点下跌了20%，而且未来市场预期还将有30%到35%潜在的下跌空间。美国房屋净值在2006年最高点时估价达13万亿美元，在2008年中期已经下跌到8.8万亿美元，而且在2008年后半年还在下跌。作为美国家庭第二大资产的退休金，其总值下跌了22%，从2006年的10.3万亿美元跌到2008年中期的8万亿美元。在同一时期，储蓄和投资资产（除养老金之外的）损失了1.2万亿美元，退休基金损失了1.3万亿美元。合计损失8.3万亿美元"。

过去的40年里，政界、商界、学术界和媒体界的精英圈与没有受过高等教育的工人阶级之间的两极分化越来越严重。"面对生产过程中不断增加的资本密集度，资本与劳动之间更高的替代弹性提高了国民收入中资本所有者的份额"，"资本收益高度集中导致了个人收入不平等越来越严重"，"高技能劳动者和高资本收入者日益变为一体，进一步恶化了整体的收入不平等"，"劳动力和资本充裕的高技能人士倾向于在本阶层内通婚"，"财富的集中强化了富人的政治权力，使得有利于穷人的税收政策和使国家对公共教育和基础设施支出的投入与以前相比变得更不可能"。

最终引爆反全球化民粹运动的是发达国家的公众对民主制度本身失去信心。他们不仅相信自己是全球化的受害者，而且还相信自己丧失了在国内政治层面去解决这些问题的可能。全球化直接让人们重新思考主权和领土这些概念，因为民族国家不能再有效地控制那些通过全球供应链生产和组装的产品的安全。原始设备制造商（OEM）模式在诸多国家的扩散意味着，全球供应链已经发展到超出任何单一国家可以控制的范围。换言之，金融和生产的全球化已经导致国土边界变得没有意义，因为经济活动完全处于民族国家领土的控制范围之外。在这种形势下，当全球生产使得领土从经济活动中分离，国家面临如何进行税收和继续恪守承诺和履行职责的困境，而"业务精湛的会计师事务所和咨询公司找到越来越巧妙的办法去帮助客户规避国家控制和税收"。很多人对全球化导致的无力感感到愤怒，他们开始支持那些在政治活动中拿这些问题说事的政治家。

中国崛起：精英眼中全球化对西方最大的挑战

对西方的精英们而言，全球化最重要的后果是中国的崛起及其对世界的影响。2008年全球金融危机的爆发和中国的回应，不仅见证了国际政治经济中权力和财富的深刻转移，而且还引发了一场热烈的辩论。以中国为代表的一些发展中国家在工业化进程中后来居上，中国甚至被期待取代美国在经济上的领导地位。这场辩论的结果是美国决定重返亚太和推动TPP的签署。

进入21世纪以来，特别是在2008年全球金融危机前后，各种西方机构的报道和预测进一步加剧了西方对中国和其他发展中国家在经济实力上取代他们的担忧。在这些预测中，高盛2007年发表的一份报告影响最大。根据这份被广泛征引的报告，到2050年，在现G7成员国中，只有美国还能保持世界7个最大经济体之一的资格，剩余的6个国家将被中国、印度、巴西、墨西哥、俄罗斯和印度尼西亚所取代。中国的经济规模会在2030年前超过美国。另一份由经济合作与发展组织（OECD）在2013年发布的报告预测，到2060年，中国和印度GDP的总和将超过所有现OECD成员国的总和。

通过吸引外国直接投资和参与国际分工及全球生产体系，中国变成世界工厂，并迅速在高端、中端和低端技术产业获得竞争力。早在 2004 年，美国二战后最负盛名的经济学家保罗·萨缪尔森发表了一篇文章。他认为，大卫·李嘉图在两百年前提出的比较优势这个概念一直是现代经济学关于国际贸易的理论基石，但是这个概念已经不能再帮助我们理解 21 世纪的国际贸易。比较优势理论的前提是劳动分工，其中发展中国家致力于劳动密集型产业，而发达国家则致力于资本和技术密集型产业。而在中国发生的则是，它不仅在劳动力密集型产业，而且在资本和技术密集型产业都有很强的竞争力。萨缪尔森描述的这个情景在美国的智库、学者、大众媒体、政府官员和政治家中间引起了一场激烈的辩论。

到 2008 年金融危机前夕，中国和美国在经济上的相互依赖日益紧密，这被哈佛大学历史学家尼尔·弗格森称之为"中美国"（Chimerica）。这种关系导致新的国际金融秩序的兴起。在这种秩序下，高储蓄的亚洲国家通过提供贷款和出口，与高消费的西方国家之间发展出一种高度的相互依赖。与布雷顿森林体系最初的安排相似，亚洲货币与美元之间有固定汇率，尽管在这个新秩序中亚洲政府有时对外汇市场进行单边干预，以阻止本币的升值。

中国对 2008 年全球金融危机的回应及其后续发展，进一步改变了西方对中国潜力的认知，中国政府在最初阶段采取的空前的财政刺激政策（投入四万亿人民币）在西方国家造成了轰动。很多西方评论家开始辩论国家资本主义的力量和西方式资本主义的合法性。在"历史的终结"的环境中"自娱自乐"了 20 年后，自由民主和市场经济突然面对来自"北京共识"的巨大挑战。这种挑战似乎是有经验证据的支撑：如果以 GDP 增速而论，与发达国家相比，中国经济在 2008 年到 2010 年期间表现很好。这是因为 27% 的年度货币供应量增长率可谓是人类历史上最激进的反周期手段。尽管它同时制造了巨大的泡沫，但是它对美国辩论的影响已经大到改变美国的对华政策。

TPP 与反自由贸易的导火索

全球化推动的自由贸易固然给发达国家带来深刻的结构性变化，但是这些变化已经存在多年，为什么这次在美国的大选中掀起这么大的波澜？

本文认为，其根本原因是当全球化出现危机，人们普遍期待政府提供更多的社会保护时，政府却反其道而行之，试图以更大的力度开放国境，促进资本和商品的自由流动，这不能不引起人们的恐惧并激起强烈的政治反弹。全球化逆转的政治动力来自于危机环境下要求政策范式转变的急迫性和政策制定者们总是用老办法解决新问题的强大惯性之间的突出矛盾。

对美国的决策者们而言，中国崛起是全球化带来的最大挑战。而奥巴马政府选择的因应之道是使用冷战时代的老招数，即军事方面的战略联盟与贸易制度安排的结合。

奥巴马政府推行的 21 世纪大战略，在亚太地区主要表现为重返亚太和 TPP，前者会把美国 60% 的军事力量转移至亚太地区，后者则代表新一代自由贸易协议，它将对 WTO 所代表的现行贸易体制产生深刻影响。重返亚太和 TPP 的结合在原理上非常接近美国在冷战时期的实践，即以美国为首的西方集团依靠北约联盟和关税与贸易总协定（GATT），对抗由苏联率领的东欧集团依赖的华沙条约组织和经济互助委员会。

不凑巧的是，当奥巴马使出全力推进 TPP 时，正值美国经济经历二战以来最脆弱的复苏时期。在二战后，美国经济通常在遭遇衰退后能快速恢复。当经济衰退袭来，银行会减少对业绩糟糕企业的贷款，风险投资家会停止投资表现不佳的初创企业，现存的许多企业会倒闭，他们的资产会被清算。而所有这一切会为新企业的诞生创造空间。然而，在 2009 年第二季度到 2016 年第二季度之间，美国经济的年增长率只有 2% 左右，这与此前几次经济复苏时期 2.6%—7.5% 之间的增长率形成鲜明对照。

全球化的引擎——贸易和资本的流动在 2008 年全球金融危机后已经开

始失去动力。金融分析师萨提亚吉提·达斯指出，商品、服务和金融的跨境流动在2011年达到峰值，从1990年占全球GDP的40%上升到了60%。在1951年到2008年这58年中有49年的贸易增速要快于全球经济的增速。在1980年到2011年间，贸易年均增速为近7%，是全球经济增速的一倍。外商直接投资、跨境投资与借贷的增速也快于全球产出。在1980年到2007年间，这些国际金融跨境流动从占全球GDP的4%（4700亿美元）增长到占21%（12万亿美元）的顶峰。全球金融危机或许标志着全球化的顶峰。在全球经济部分复苏后，全球贸易中商品和服务的增长下降至每年2%—3%左右，接近或低于全球经济增速，这是数十年从未有过的情形。金融的跨境流动与全球金融危机前相比要低60%左右，从占全球GDP的21%降至2012年的5%。

在这样一种不利的经济环境中推动TPP，奥巴马面临的难题不言而喻。美国人之所以反对TPP，是因为当年美国把贸易政策当冷战武器使用时美国付出了巨大的代价，今天已经没有几个人愿意再承担这种代价。

在冷战时期为了对抗苏联，美国政府把一种名为"不对称合作"（asymmetric cooperation）的贸易政策作为招募和维持盟友的方法。它指的是美国向其盟友的出口开放美国国内市场，与此同时允许这些国家向美国的出口关闭其本国市场。这项政策是造成美国制造业的竞争力逐渐下降的重要原因，当年这个政策不仅使西欧和东亚国家很快在国际竞争中加强自身实力、不断战胜美国企业，也迫使许多美国企业为了绕开这些国家的保护政策，到欧洲和亚洲进行直接投资。离岸生产的结果是许多工作机会从美国流到海外。

虽然20世纪80年代以来的全球化消除了很多贸易壁垒，但在全球生产的时代，美国的跨国公司为了利用发展中国家的廉价劳动力，再也没有将生产基地移回国内。事实上美国签署的许多自由贸易协议都是以美国国内工作机会的流失而告终。伯尼·桑德斯在其总统竞选中提出，TPP"将重蹈美国与墨西哥、中国以及其他低工资国家签订的那些失败的贸易协定的覆辙，这些协定已经使美国失去数百万个工作机会，并导致成千上万个工厂关闭"。根据这个协议，美国的跨国公司会将更多的工作机会离岸到低工资国家，加速美国国内"争相衰落"的境况，并进一步加剧对海外工人的剥削。

尤其令许多美国人——包括最初作为国务卿积极推动TPP的希拉里·克林顿——感到不可接受的是，奥巴马政府为了应对中国崛起的挑战，追随冷战时代的原则用经济利益换取盟友在军事方面的支持和合作，在TPP签约时做出许多妥协，却没有认识到由于中美贸易的特点，这样做最后既吃亏又达不到目的。

这其中一个重大妥协是在关于原产地原则的条款中对最终产品中域外产配件比例的规定。起初美国政府坚持65%的最终产品的零部件必须来自TPP成员国。最后为达成协议，美国不得不做出大幅让步，将最终产品零部件来自成员国的比例由65%削减至45%。

将零部件原产地比例降低至45%的妥协让TPP协议变成一个黑色幽默：当奥巴马总统游说国会、争取支持时，他有意宣称TPP的目的是阻止中国获取经济领导权。但在TPP的批判者们看来，这个协议除了为中国造的零部件进入美国市场提供后门以外什么都不是。这里的悖论是，奥巴马如果不对配额限制做出重大妥协，将无法达成协议，然而，一旦妥协又会极大地削弱TPP最初设计的目的，因为它严重忽视了美中经济关系的特点。

与冷战时期美国领导的西方集团和苏联领导的东方集团之间没有太多贸易往来相反，美中两个经济体已经深深地交织在一起。中国已经是美国在亚洲的许多盟友的第一大贸易伙伴，自2014年以来中国是仅次于加拿大的美国第二大贸易伙伴。考虑到中国经济的规模及其与12个TPP成员国的经济关系，TPP要想把中国排除在外将产生巨大的成本调整。在过去的几十年里，日本、韩国、新加坡和台湾地区的许多跨国公司将其生产基地转移到中国。随着这些跨国公司将其产品从中国出口至美国和欧洲市场，作为生产者的亚洲国家和地区与出口目的地欧美国家之间的双边贸易平衡发生了深刻变化。例如，在1989年到2008年间，美国和亚洲国家的贸易逆差维持在同一水平。然而，日本在美国与亚洲国家的贸易逆差中所占份额由39%下降到了11%，而中国的则从2%增加到28%。尽管美国对中国贸易逆差的快速增长成为一个重要的双方经济问题，但这实际上是一个多边问题，不是双边问题。

这一悖论突出显示在全球生产的时代重拾冷战策略的内在矛盾。跨国公司总部与分公司之间、分布在不同国家的跨国公司的分公司与分公司之间的企业内贸易，是支撑全球生产在中国运行的基础。中国作为世界工厂通过全球生产体系与西方国家及其盟友的经济合作关系，已经紧密到任何有意使之分离的努力都将遭遇许多困难。

冷战期间美国为了拉拢盟友，允许盟国对美国产品关闭市场。在全球化的30年中，美国工会的一贯诉求是要求发展中国家提高劳工标准，认为在同一标准下美国企业可以与发展中国家竞争。但是，奥巴马为了达成TPP协议，在劳工标准上又进行了妥协。在批评者看来，TPP协议中一个比冷战时期以经济利益换军事利益的交易走得更远的内容，是美国赋予外国公司通过国际法庭起诉美国政府的权利。其他国家的TPP批评者们通常把这一条视为美国跨国公司企图破坏他们国家主权的途径，而美国的TPP批评者则担忧TPP会使外国企业对美国的公共政策施加不正当的影响。

当经济陷入困境时，保护社会通常成为重要的政治议程。本来美国社会的底层就已经面临长期的困境，金融危机后美国经济复苏缓慢，许多美国人在寻找安全岛。正当开放经济的消极影响成为公众关注的焦点时，奥巴马政府却要进一步开放国内市场，这就给反全球化和反自由贸易运动提供了最好的炮弹。

欧洲难民危机：反移民运动的催化剂

这次欧洲难民危机触发的发达国家反移民倾向是另外一个可能使全球化逆转的导火索。自欧盟建立以来，鼓励移民一直是其重要的政策之一，为什么今年激起如此强烈的反对？

本文认为，与通常反移民运动强调移民对受入国就业和生活水准的冲击不同，这次发达国家的反移民运动着重强调伊斯兰教极端主义策动的恐怖主义，把穆斯林移民视为对国家安全的威胁。在恐怖主义已经成为公众担心的最大问题时，欧盟在处理难民危机时却仍然坚持人口的跨国界流动，既包括其成员国公民在欧盟内部的自由流动，也包括其他国家的难民进入欧盟，不可避免地激起强烈的政治反弹。其实，恐怖主义早在2016年欧洲难民危机爆发前就成为欧美公众普遍担心的问题。

2015年夏天在法国和德国恐怖袭击前的一项调查就已经显示，欧洲人担心难民的涌入会增加恐怖主义袭击的可能性。在10个受调查的欧盟成员国中，59%（中位数）对当时与日俱增的恐怖主义的前景表示忧虑。2015年12月纽约时代和哥伦比亚新闻网联合进行的民意调查也显示，美国人对恐怖主义的恐惧已经达到自"9·11"以来前所未有的程度。70%的受调查者认为ISIS是美国的一个威胁，接近19%的受调查者——这个数字一个月前是4%——表示他们相信恐怖主义是最重要的国家级问题。

当欧盟，特别是其成员国中的最大经济体德国，在应对2016年的难民危机时仍然坚持大量接受难民，还要设定各国接受的指标，自然引发了强烈的反对。不仅在德国，移民问题在2016年成为英国"脱欧"辩论中的一个主要议题，同时，也是特朗普在2016年总统大选中崛起的最重要因素之一。

移民问题本来已经撕裂了传统的欧洲政治版图。在二战后，西欧政治的中心问题是传统的个人权利与现代劳工运动所催生的福利国家的规模。移民问题给这些政治冲突重新划分阵营。左翼分裂为两个阵营，一是知识分子出身的社会主义者/自由主义者，他们支持文化多元主义；另一个是工人阶级和工会成员，他们反对文化多元主义。在右翼，自由主义者、商界和城市进步主义者倾向于支持大规模的移民，与之相反，保守主义者、农村居民、民粹主义者和民族主义者则持反对立场。

全球化会逆转吗?

从数据上看,逆转的可能性正在增加。在 2016 年 9 月下旬,WTO 将 2016 年全球贸易增长率的预估下调至仅 1.7%。与今年 4 月估算的 2.8% 相比,这是一个大幅下降;WTO 预计 2017 年全球贸易的增长率将低至 1.8% 到 3.1%,这与今年 4 月估算的 3.6% 相比也是大幅下降。在过去很长一段时间,全球贸易增长率都高于 GDP 增长率。然而在 2016 年,全球贸易增长率不仅低于 GDP 增长率而且只有后者的 80%。这种现象在 1982 年以来是第二次出现,在近 15 年来是首次出现。国际货币基金组织的一项测算表明,在 20 世纪 90 年代,全球经济每增长 1% 能为贸易带来 2.5% 的增长,而近年来,同样的经济增长只能带来 0.7% 的贸易增长。美国这一世界上最大的经济体 2015 年的进出口总值下降 2000 多亿美元,而 2016 年的前九个月就下降 4700 多亿美元。这是二战以来美国与其他国家的贸易首次在经济增长期间出现下降。

显然,经过长期由全球化和全球贸易推动的经济增长之后,各国政府在经济困难时期越来越多地寻求保护本土产业。WTO 的一项统计表明,其成员自从 2008 年全球金融危机以来已经推出了 2100 多项限制贸易的措施。

本文显示,经济结构正在发生深刻变化,特别是在 2008 年全球金融危机的打击下,各发达国家已经出现保护社会的政治要求。但受以往的政策范式影响,这些国家的政府却在本来需要加强社会保护时企图进一步释放市场力量。新自由主义意识形态,作为一种高度制度化的关于全球化的信仰,变成了一种强大的惯性存在,它阻碍着政策制定者们去有效地应对 2008 年至今的后经济大萧条时代(the post Great-Recession era)迅速变化的新环境。这是全球化在美国与欧洲遭遇强烈的政治反弹,全球化逆转成为一个现实可能的重要原因。

2016 年美国总统大选竞争的激烈程度和特朗普最后当选显示,经过 60

年的积累，全球化在发达国家内部造成的紧张关系已经接近爆发的临界点，其标志就是波兰尼所讨论的社会保护已经成为公共政策的重大议题。释放市场力量，推动资本、商品和人的自由流动当然带来了极大的经济福利，但是这些福利的分配却是极为不公平的。精英们获得了更高的工资和投资收入，更丰富的商品选择，以及更国际化的生活方式，而底层民众则不得不因为跨国公司的离岸生产和外包而丧失就业机会和忍受贫困，同时还不得不面对移民带来的日渐激烈的竞争和日益增加的恐怖主义威胁。

这次美国大选的结果对当前这一轮全球化的命运至关重要。特普朗赢得选举，美国几乎可以肯定将向限制自由贸易的方向转变。TPP 基本已经不可能在近期内再被提上议事日程，美国非常可能要求重新谈判北美自由贸易协议（NAFTA）。美国在外交上也有可能开始变得"内向"，在世界各个冲突的热点地区减少干预。剩下的问题只是特朗普政权将以多快的速度，将全球化逆转推进到什么程度。当然，虽然目前美国共和党已经在参众两院同时成为多数党，共和党主流与特朗普在许多政策上观点完全相反，特朗普在多大程度上能够推行他在选举中宣示的政策还有待观察。然而，不容置疑的是美国将在与自由贸易有关的议题上变得更为保守。

全球化逆转的最大可能是阿瑞基指出的，由于金融财政扩张而导致的全球性经济危机。国际金融当前正处于以全球债务飙升为代表的严峻形势中。麦肯锡的一项研究分析了 2007 年至 2014 年间，47 个国家的政府、住房和企业总债务与其经济规模的关系，研究发现债务比率在每一个国家都在上升，一些国家的债务有实质性变化。在美国，债务与国内生产总值比率从 2007 年的 217% 小幅升至 2014 年的 233%。在西班牙则是从 241% 蹿升至 313%，日本则从 336% 升到 400%。高债务明显使得该国经济面临更大的风险。

下一轮的金融危机很有可能从欧洲开始。2013 年，在塞浦路斯银行危机之后，欧洲为了形成欧元区的银行联盟通过了一系列规章。受限于这些新规，"未来欧元区银行救市的全部负担不应该由纳税人承担。任何国家的政府在救助银行前,首先应该让银行的股东和他们的非高级债券持有者承担大部分账单"。

如今,德国和意大利的银行都遇到大麻烦,但是这些新规禁止两国政府去救助。

德意志银行在美国房地产泡沫中进行了欺骗性的抵押贷款行为,被美国司法部处以146亿美元的罚款,这可能引发德国的金融危机。这件事的时间点让问题变得更糟:明年德国将进行议会选举,德意志银行危机十之八九会削弱总理默克尔在国内和欧洲领导集团中业已脆弱的权力。德意志银行的资产负债表未能从2008—2009年全球金融危机中恢复过来,然而多年不计后果的贷款和全球利率低迷进一步让德意志银行摇摇欲坠的资本基础变得损伤殆尽。金融困境不仅限于德意志银行,德国第二大银行德国商业银行最近宣布进行多达9600个全职岗位的大裁员,将有20%的员工受到影响。

意大利银行最大的问题是英国脱欧公投前就居高不下的不良贷款(NPLs),而且意大利经济根本无法减少不良贷款。在没有经济快速发展的前提下,这场危机会像雪球一样滚起来,因为银行只能继续持有这些事实上违约而无法清除的不良贷款。随着时间的积累,不良贷款(NPLs)的比例已高达意大利银行贷款的17%。更重要的是,这些意大利银行贷款被打包成证券再出售,同时意大利银行又从欧洲其他银行贷款。反过来,这些银行进一步以这些意大利债务为抵押进一步贷款。作为欧洲第四大经济体,意大利一旦出现问题将形成对欧洲经济的系统性威胁。在一些评论家看来,政府救市可能是唯一的解决办法。然而,受制于欧盟和欧元区的规定和条例,意大利政府脱离危机或救助银行的能力相当有限。

意大利已经计划在12月4日进行公投,这场公投本身关乎该国宪法,尤其是立法机构的权力分配。然而这很可能引起政治经济的混乱。意大利现任总理已经宣布,如果公投结果挑战其立场,他将辞职。如果他辞职,这将给反欧盟的五星运动(MS5)获取权力铺平道路。五星运动已经保证在其执政后将进行一次公投决定是否脱离欧元——因为意大利正在艰难地应对银行危机。意大利公投将会给欧洲带来一个很大的危机：如果意大利脱离欧元，其他国家可能会尾随，最后欧元区可能会崩塌；它甚至会成为欧盟的一个威胁。

一旦爆发新金融危机，必然很快地影响到实体经济；而只要实体经济陷入困境，必然会引发更多的贸易保护主义措施。届时，全球化逆转也许将会真的到来。

高柏

（杜克大学教授）

2016年12月

从边境税看新全球化的治理框架

作为在上一轮全球化中普遍使用的贸易管理工具,边境税曾经大放异彩。但是,据悉美国政府正在拟定一项全面的税改计划,边境调节税(border-adjustment tax)正是这项计划的核心——共和党人建议对所有在美销售的进口商品征收20%的边境税,同时对出口商品免征税。

支持者认为边境税会增强美国公司和工人的竞争力,营造公平的竞争环境。据他们估算,边境税将在未来10年为美国带来1.2万亿美元的新增收入,足以抵消将公司税率从现行的35%降至15%等减税方案所导致的税基侵蚀,缓解减税进一步恶化联邦政府财政赤字的担忧。同时,边境税给消费者带来的福利损失将通过美元升值得到弥补。

反对修改边境税的人也不在少数。除在美国国内遭到大型零售商的反对,边境税在国际上也引起美国主要贸易伙伴的不满,欧盟甚至表示将提起针对边境税的法律诉讼。费尔德斯坦、克鲁格曼等多名经济学家表示边境税并不会增强美国的竞争力,一些汇率专家还指出,美元走势是多种因素共同作用的结果,所谓美元一定会升值只是边境税支持者的一厢情愿。

可以预见,美国国内有关争论在靴子落地前还会继续。关于边境税的微观分析已经不少,笔者试图从一个更为宏观的视角来看待该问题。在新全球化的背景下,类似的"边境上"措施是否还是万灵药?让我们从经济全球化的演变中寻找答案。

商品流动 VS 知识流动：两轮全球化的不同逻辑

欧洲经济政策研究中心主任理查德·鲍德温（Richard Baldwin）在其新作《大融合：信息技术与新型全球化》（*The Great Convergence: Information Technology and the New Globalization*）中提到，全球化受到三方面的约束：一是商品的运输成本；二是知识的传输成本；三是人与人实现面对面沟通的成本。当商品、知识、人员的流动在技术上可行且成本足够低的时候，全球化便会蓬勃发展。过去的200年，人类社会见证了分别由商品的自由流动和知识的自由流动驱动的两轮全球化。

传统意义上的全球化始于19世纪20年代，第一次工业革命，蒸汽机的发明大大降低了商品的运输成本，使遥远国度的不可贸易品成为可贸易品。各国生产要素禀赋密集型商品，比较优势使商品的跨境流动有利可图，生产和消费实现了地理上的切分。商品贸易成本快速下降，各国纷纷签署自由贸易协定来消减关税壁垒，贸易自由化蓬勃发展。市场的全球化带来了生产的集群化，催生了创新需求，降低了创新成本，进而促进了生产力的大发展。然而，由于知识传输成本依然高企，发达国家的创新成果只能留在本国境内，知识的约束导致发达国家和发展中国家生产成本差异明显，发展鸿沟巨大。可见，在促进经济增长的同时，上一轮全球化客观上导致了国家间的贫富分化，但也正是这种南北差异为新一轮全球化播下了种子。

今天我们正在经历的这一轮全球化始于20世纪70年代，90年代进入黄金期。如果说上一轮全球化见证了商品流动成本的下降以及生产和消费的切分，那么本轮全球化中，信息技术降低了知识的流动成本，生产得以切分为不同的阶段，而上一轮全球化遗留下来的南北发展鸿沟正好使这种切分有利可图。此轮全球化的主角不再是国家，而是跨国企业。跨国企业拥有技术和知识，它们一方面发现通过信息技术能够精准掌控千里之外的生产活动，另一方面发现把部分生产阶段切分给工资水平更低的国家能带来高额利润。在追求利润的过程中，企业开始在全球范围内配置资本、技术和劳动力，形成国际化的生产网络。发达国家的资本、技术和发展中国家低廉的劳动力迅速"联姻"，催生了全球价值链革命。为顺利实现生产的切分和转移，跨国公司把管理、工程、市场等方面的专家派往劳动力更便宜的新兴经济体，这些专业技术人员的全球调配直接促成了知识的跨境流动。发达国家劳动力对本国先进技术的独享局面被打破，正如"大象曲线"的提出者布兰科·米拉诺维奇（Branko Milanovic）指出的那样，在本轮全球化的黄金期（大象曲线的数据是从1988年到2008年），一部分发达国家工人收入增长停滞的同时，一部分发展中国家则迎来了令人印象深刻的经济增长。表现之一便是1990年以来新兴经济体的群体性崛起，尤其是那些深度参与全球价值链的国家。和上一轮全球化不同的是，本轮全球化使国家间的贫富差距缩小。

可见，技术进步已经深刻改变了本轮全球化的本质。它打破了比较优势的国别限制，资源开始在遍布全球的生产网络中跨境配置。然而，最重要的变化还不是价值链的海外拓展，而是思想、知识产权以及技能随同就业岗位的综合性转移。正如理查德·鲍德温指出的那样，全球价值链实质上是一种从人均知识水平差异中套利的模式，只要各国人均知识水平还存在较大差异，本轮全球化就远没有终结。

上一轮全球化的调控工具还管用吗？

在上一轮全球化过程中，供应链基本都在一国境内，提高关税这种"边境上"措施确实可达到预期效果。包括中国在内的不少发展中国家当年也如法炮制：对进口零部件征收低关税，对最终产品征收高关税，通过实质性保护税率鼓励生产部门和就业岗位流向本国。

当前，我们面对的不是单纯的商品流动，而是以全球供应链为代表的生产体系与知识技能的跨境流动。这种情况下引入边境贸易保护措施还管用吗？我们需要回答两个问题：已经切分到海外的生产阶段是否会因此回流？生产回流是否一定带来就业岗位的增加？

以边境税为例，如最终落地，对美国企业而言，合理的做法是将在美国本土销售的最终产品转回国内生产。同时，因为边境税会抬高进口工业投入品的成本，会将面向海外市场的生产转移到境外。可见，制造业到底是会因为边境税大幅回归还是巨量外流并不确定。

边境税固然能增强本国产品的竞争力，但这只是关税保护下的虚假繁荣。以苹果公司这样的全球产业链公司为例，其产品在加州设计、中国组装，零部件在亚洲甚至是非洲生产。据《经济学人》杂志估算，美国每1美元来自海外的进口约有40%的价值是在美国生产并出口再回流的。该杂志指出，传统的钢铁企业也许需要边境税的保护，但对苹果这样的公司是在帮倒忙。边境税就像是架在一家全球化工厂中间的高墙，固然会迫使一部分生产回到墙内，但由于知识流动主要依靠通信网络来实现，引入"边境上"贸易壁垒非但阻挡不了知识的传输，反倒会让全球价值链公司"很受伤"。信息技术已经打破了发达国家劳动力对知识的垄断，这一趋势也不会因为边境税而逆转。

回答完第一个问题，让我们来回答第二个问题：制造业回流对就业的影响。上一轮全球化是各国产业部门之间的竞争，比如20世纪七八十年代美日的汽车产业之争。拿球赛打比方，这相当于两支球队之间的竞赛。在本轮全球化中，生产开始切分，国际分工由传统的产业间分工向产业内分工转变。每个产业都对应不同的生产阶段，每个生产阶段还对应一系列工作岗位。国际竞争深入到每一个经济细胞，更加细分化。今天的竞争已不仅仅是产业间的竞争，而是已经渗透到产业内部，渗透到每一个工作岗位。还是拿球赛打比方，现在的竞争已经从球队的层面下沉到了球员的层面，相当于球员的个人球技大比拼。发达国家的产业工人确实有点生不逢时，在国内他们面临来自自动化的竞争，在国外则面临来自新兴经济体工人的竞争。因为传统上转移到海外的工作，大多是较容易被自动化取代的低技能岗位，所以最终即使有部分制造业回流，并不必然意味着大量就业岗位的回归。换句话说，边境税可能会给美国的机器人，而不是美国的工人创造更多的就业岗位。作为有效管控商品流动的工具，边境税并不适合管控知识流动，这属于典型的用 20 世纪的旧思维解决 21 世纪的新问题。

新全球化呼唤新治理框架

新全球化时代，信息通信技术带来了生产的切分，使某个生产阶段甚至是具体的工作岗位暴露在国际竞争之下。根据摩尔定律，计算机性能每隔一段时间便会大幅提升。技术的迅猛发展和生产的切分意味着新全球化的影响将比以往更突然也更不可控。我们可能还来不及反应，身边的某个产业就会突然解体，某个生产阶段就会突然消失。无论今天的铁饭碗有多硬，没人可以确保明天还会高枕无忧。本轮全球化已然破坏了发达国家部分工人的安逸生活，这也能够解释当前弥漫在欧美的反精英、反政府和反全球化情绪。西方不少精英都发出警告，如果情况不改变，如果愤怒的群众看不到希望，20 世纪 30 年代那段历史可能重演。

从深层次来看，全球化是对在本国贵却在国外便宜的东西的套利，这一进程受到技术进步驱动，不在政府掌控之中，无人能够阻挡。克鲁格曼在彼得森国际经济研究所关于世界不平等问题的发言（After the Elephant Curve）中说道，世界面临的很多问题恰好出现在全球化高潮期并不意味着两者之间有因果必然。无论我们适应与否，全球化的车轮都会滚滚向前。与其消极反对，不如积极治理。从国家层面看，与其提高关税然后坐等奇迹出现，不如接受 21 世纪的新现实：低端制造业的工作机会已是明日黄花，需要保护的不是工作，而是工人。在推进全球价值链的同时，各国政府需更多关注未从本轮全球化中受益的弱势群体，加强对特定地区和群体的扶持，采取一些更加关注个人的政策，加强对工人的再培训，提升职业流动能力。

从国际层面看，上一轮全球化主要是货物贸易的自由化，以世界贸易组织为代表的多边贸易体系主要关注消除关税、配额等"边境上"贸易壁垒。而新一轮全球化则是贸易、投资、服务和知识产权的综合体在全球的流动，超越了传统的主权和边境概念。面对全球经济的新现实,一方面,传统的"边境上"规则可以继续发挥作用,通过关税优惠、交通往来、商务便利等安排实现供应链上不同工厂间的无缝对接;另一方面,需要制定新规则来消除"边境内"壁垒,构建全球价值链,促进知识的自由流动。当前,作为实现知识自由流动的重要依托,服务贸易在全球贸易中的比重日益增加,而服务贸易顺利发展的一个重要条件是解决好准入前问题,即投资相关问题,这主要涉及企业海外收益保护、本国技术的境外使用、服务部门开放、国家竞争政策等"边境内"议题。需要指出的是,当前全球经济治理框架中,贸易领域有世界贸易组织,货币领域有国际货币基金组织,这两个领域的治理规则相对成熟,唯有在投资领域,全球还缺乏统一的治理体系,这也是为什么在构建全球经济治理新框架的博弈中,各国均把塑造全球投资规则作为参与的重点。二十国集团杭州峰会达成的《全球投资指导原则》可谓是中国在这方面的一次有益尝试。

最后,顺着全球化面临三方面约束的思路提出一个问题:囿于人员直接交流成本的限制,全球价值链目前大部分还是区域性的。那么,下一轮全球化是否会源于人员流动成本的大幅降低?当前小试牛刀的人工智能和一些超高速交通工具的商用推广是否昭示着下一轮全球化的萌芽?无论答案如何,至少可以预期,在全球价值链继续拓展的下一站,加入全球生产网络的将是非洲和拉美。从这个角度看,目标路线已然涵盖这两块大陆的"一带一路"倡议不啻是个未雨绸缪的好选择。

周宇

(外交部参赞、中国社科院金融学博士)

第二部分

重新确认全球化，中国是领导者吗？

全球化并未结束

2017年1月20日，特朗普正式就任美国第45任总统。竞选期间他宣称"要将工作带回美国"，胜选后数家企业宣布取消原国外建厂计划，将工作岗位保留在美国本土。"软实力"（Soft Power）理论提出者、哈佛大学肯尼迪政府学院教授约瑟夫·奈（Joseph Nye）1月4日在北京接受财新记者专访时表示这种靠政治压力将工作带回美国的方式会增加经济成本。

自竞选以来，特朗普的多次言论都提及中国，外界对中美关系走向猜测不断。就美俄关系，奥巴马政府宣布新举措报复俄罗斯干涉美国大选，驱逐35名俄罗斯外交官出境。而特朗普与普京频频互向对方示好，外界猜测美俄关系或大幅改善。

出生于1937年的约瑟夫·奈以在20世纪90年代提出"软实力"概念而闻名，也是美国前任总统奥巴马外交概念"巧实力"（Smart Power）的最初提出者。他曾出任克林顿时期的助理国防部长、国家情报委员会主席、卡特时期的助理国务卿等职，著有《软实力》《美国世纪结束了吗？》等书籍。

"将工作带回美国"，真的能刺激美国经济吗？特朗普贸易保护主义的措施若实施，会带来什么影响？中美关系走向何方？美俄关系是否会改善？约瑟夫·奈如何看当今全球化形势？

"特朗普经济学"

财新记者：特朗普及其内阁有数位贸易保护主义者，他有多大可能会关上自由贸易的大门？

约瑟夫·奈：这将取决于特朗普贸易保护主义的程度，他曾表示不反对贸易，但是反对不平等交易，比如美国与中国的某些不公平贸易造成了在中国的美企无法享受到在美国的中企相同的待遇，美国工作机会也随即流失到中国或墨西哥。特朗普打算重新就这些贸易进行谈判，促使贸易发展更加平衡，而不是中断贸易。如果特朗普发起与中国的贸易战，这对中美来说都不是好事；如果他只在某些方面采取强硬态度，比如WTO的某些条款，这或许会产生不愉快的后果，但并不会产生经济层面的破坏性。

财新记者：特朗普不断表示把工作岗位带回美国，这是否真正有利于美国经济的长期发展？

约瑟夫·奈：以北美的汽车制造业为例，其得益于全球复杂的供应链，这可以提高生产效率，降低汽车制造成本，同时也是全球化的一种表现。如果特朗普通过政治压力增加美国工作岗位，硬生生切断供应链，则将增加经济成本，这些成本可能最终由美国消费者或国外工人来承担。美国可以通过技术把工作带回美国，利用可管理机器人的高技术工人来降低人力成本，由此带回由于成本而外流的工作岗位。

财新记者：《美国世纪结束了吗？》一书中你认为"美国世纪"并没有结束，如今特朗普宣称采取严厉的移民政策，是否会考虑修改你的结论？

约瑟夫·奈：如果特朗普真的采取更严厉的移民政策，拒绝移民进入美国，将极大削弱美国，因此我认为"美国世纪"确实会结束。但是我并不觉得特朗普有能力这样做。美国有很长的反移民但最终接受移民的历史，目前美国的处境仍然如此。特朗普宣称反移民很大程度是为了获得选票，但目前民意测评显示55%的美国人都对移民持欢迎态度。因此，特朗普可能对来自墨西哥或伊斯兰国家的移民进行一定的打击，但是美国整体移民不会大幅减少。

对美俄关系担忧

财新记者： 如何看待奥巴马因俄罗斯干预美国大选向俄罗斯施加的制裁？

约瑟夫·奈： 我非常赞同奥巴马采取的制裁措施。奥巴马向普京发出信号——俄罗斯通过网络干预美国大选的行为是无法接受的。奥巴马对俄罗斯的制裁相当严厉，不仅驱逐了 35 名俄罗斯外交官出境，还制裁了与网络攻击相关的机构及个人：俄罗斯情报机构"情报总局"（GRU）和"联邦安全局"（FSB）。这是很强硬的信号，我认为俄罗斯已经收到了信号。

奥巴马时期，美俄关系几无改善的机会。我不反对特朗普在某些议题上改善与俄罗斯的关系，特朗普试图改善美俄关系是一件好事。但是在网络攻击问题上，向俄罗斯释放强硬信号防止类似事件的发生是非常重要的。出于政治上的考量，特朗普希望低调处理这件事，他不想失去其当选总统的合法性。

财新记者： 特朗普与普京似乎相互欣赏，你如何评价？特朗普任内，美俄关系会得到很大改善吗？

约瑟夫·奈： 特朗普与普京并不认识，他们只是欣赏彼此的"硬汉风格"。特朗普发现，在竞选时说他会像普京一样强势很受选民欢迎。与奥巴马的关系彻底恶化后，普京认为特朗普可能是一个可以合作的美国总统，如果特朗普当选美国总统，对俄罗斯非常有好处，这符合他们两人的利益。

普京和特朗普都表明了改善两国关系的意愿，特朗普上台后美俄关系可能有一定的改善，但无法预测美俄关系将如何发展。然而追溯历史可以发现，奥巴马与小布什在上任之初都试图改善与俄罗斯关系，讽刺的是，二人卸任之际的美俄关系均在某种程度上有所恶化。俄罗斯面临众多的国内矛盾，如人口减少、经济困难、过度依赖能源出口、严重腐败导致改革难行等一系列问题。普京试图用更强硬的姿态将国内人民的目光从国内矛盾中转移出来，其中一些问题的矛头就指向了美国。比如乌克兰危机之后，美国与欧洲都对其进行了制裁。所以，俄罗斯自身的状况使改善美俄关系比较困难。

中美合作动机很强

财新记者： 特朗普任命彼得·纳瓦罗（Peter Navarro）为其白宫国家贸易委员会主任。彼得·纳瓦罗一直都坚称中国是美国经济产生问题的根源，您对此如何看待？

约瑟夫·奈： 彼得·纳瓦罗认为美国在与中国的贸易中受到了不公平待遇，我不赞同对纳瓦罗的任命，也不赞同特朗普在竞选时期所宣称的对中国强硬。特朗普进入白宫是否将兑现竞选许诺尚不得而知。中美之间有分歧，也有合作，比如奥巴马时期中美在气候变化、网络安全领域的合作。我很确定如果希拉里获胜，她基本上会延续奥巴马任内与中国的合作关系，但无法预测特朗普上台后将采取什么措施。特朗普对中国强硬的态度有可能会招致中国以牙还牙的回击，这是非常危险的，对双方都没什么好处。从目前提名内阁成员来看，情况不容乐观。

危险在于，如果特朗普真的决定如他所说对中国强硬、对中国商品实施惩罚性关税，与中国展开贸易战，那么中国也会同样对美国商品增收关税，这种以牙还牙的方式会使中美利益均受损。但目前我们尚不确定他是否真的会这样做。

财新记者： 处理与美国关系时，中国应该考虑特朗普的个性吗？

约瑟夫·奈： 当然，中国必须学习如何同一个富于个性的政治领导人打交道，这在早期是需要花费一些外交技巧的。中国应该保护自己的核心利益，也应该保持耐心，不能过度反应也不要反应不够。从目前来看，中国的表现非常成熟。

财新记者： 长期的中美关系发展将是怎样的？

约瑟夫·奈： 短期来说，特朗普任内的中美关系很有可能恶化，但我对长期的中美关系发展持乐观态度。中美之间存在正常的利益差异，这种差异并没有威胁彼此的存在。中美之间既有竞争也有合作，且合作的因素将大于竞争。

未来中国的综合国力肯定会有一个大的提升,关键在于中美能否合作提供公共产品,比如奥巴马与习近平就气候变化达成协议,这对中国、美国、世界来说都是好事。反之,双方的力量都将被削弱。

财新记者: 如果美俄关系得到改善,中国应为此担忧吗?

约瑟夫·奈: 我不认为中国应该为此担忧,美国与中国有很强的合作动机,这是美俄之间缺乏的。20世纪70年代,尼克松与毛泽东推动了中美关系的改善,当时主要原因是两国都对苏联感到忧虑。如今情况不同以往,俄罗斯不是苏联,不管美俄关系是否提升,都不会对中美关系有太大影响。或许短期内美俄关系会改善,中美关系会恶化。但由于俄罗斯自身存在的问题,长期来看,美俄关系不容乐观。相较于美俄关系,我还是对中美关系更为乐观。

全球化并未终结

财新记者: 如何看待英国脱欧?

约瑟夫·奈: 英国脱欧不符合欧洲利益,对英国也没好处。但英国首相特蕾莎·梅已表态,英国脱欧已成定局。由于英国与欧洲的法律相互关联,英国脱欧进程相当复杂,所以英国脱欧或许会变成"硬脱欧"还是"软脱欧"的问题。就政治层面而言,英国脱欧会增加英国的独立性,但肯定会为此付出代价,目前由于不知道最终结果如何,很难估量其经济影响。

这个过程太复杂,若脱欧协议两年内未完成,届时由于相关法规的缺乏,其贸易发展将陷入困境。关于在英国的欧洲公民及在欧洲的英国公民的身份也将是个问题,金融行业更加复杂,有很多问题需要解决。很有可能到时候会达成一项过渡协议。但我认为英国是一定会脱欧的,很有可能是"软脱欧"。

财新记者: 你曾经说,英国脱欧不意味着全球化的终结。

约瑟夫·奈: 全球化意味着全球范围内各个部门及其之间的独立,并分为不同类型,比如聚焦于贸易与金融的经济全球化,诸如气候变化等的生态全球化等。经济全球化是一种积极的全球化,其发展不会终结,但步伐可能会放慢。像气候变暖这类问题并不以国际贸易的变化而转移，这需要国家间的合作。

财新记者：未来十年的国际秩序会怎样？

约瑟夫·奈：美国与欧洲的民粹主义仍会持续，诸如 TPP、TTIP 的大型贸易协定不太可能出现，国际贸易可能会下滑，但是其带来的益处仍非常巨大，打破复杂的全球供应链的成本也会非常高，因此我认为不会出现类似 20 世纪 30 年代的反全球化现象。

约瑟夫·奈

（哈佛大学肯尼迪政府学院教授）

全球化不会倒退

从20世纪90年代开始的这一轮全球化，极大地推动了资本、商品、服务、人才和信息在国家间的流动。Mallaby 在《重启全球化》中指出，1989年"柏林墙"倒塌之后到2007年全球金融危机爆发之前，资本流量从全球GDP的5%上升到21%，贸易量从39%上升至59%，移民人数增加了四分之一以上。中国作为全球FDI的最大流入国，经济增长强劲；美国作为全球高端人才的聚集地，始终保持着科技领袖的地位。

全球化促进了全球的经济发展，使得国家间在国际分工中的合作黏性和利益交织达到前所未有的水平。正如全球热销、西方MBA学生必读的《世界是平的》一书中提问的那样，一个新的公司，总部设在纽约，工厂设在雷利和北京，由中国人当董事长和首席财务官，美国人当首席执行官和首席运营官，将在香港上市，你说这是美国公司，还是中国公司？

也正是由于世界经济的高度融合，在2008—2009年以美国雷曼公司倒闭为导火索的美国次债危机并由此引发的全球金融危机中，全世界的GDP下降了5.5%，出口下降了20%。

全球化被指责是就业减少、收入不平等和经济增长缓慢的原因

然而，从这次金融危机开始，人们对全球化的态度发生了改变。起初在欧美，随后在其他地区，越来越多的人认为，全球化并没有让"大多数人受益"，

反而产生了"1%和99%"的现象,即受益于全球化的是少数大跨国公司和科技公司,大多数老百姓的生活水平没有提高甚至有所下降。全球化越来越多地被指责是就业减少、收入不平等和经济增长缓慢的原因。

于是,贸易保护措施被各国更多地采用,全球贸易和投资都陷入停滞状态,"逆全球化"开始抬头。从图1可以看出,全球货物出口总额在全球金融危机之前增长极为强劲,但在危机之后却鲜有增长;同样,如图2所示,全球对外投资在20世纪90年代和21世纪2008年以前先后有两轮极为强劲的增长,但是在2008—2009年的全球金融危机以后,增长显著下滑。

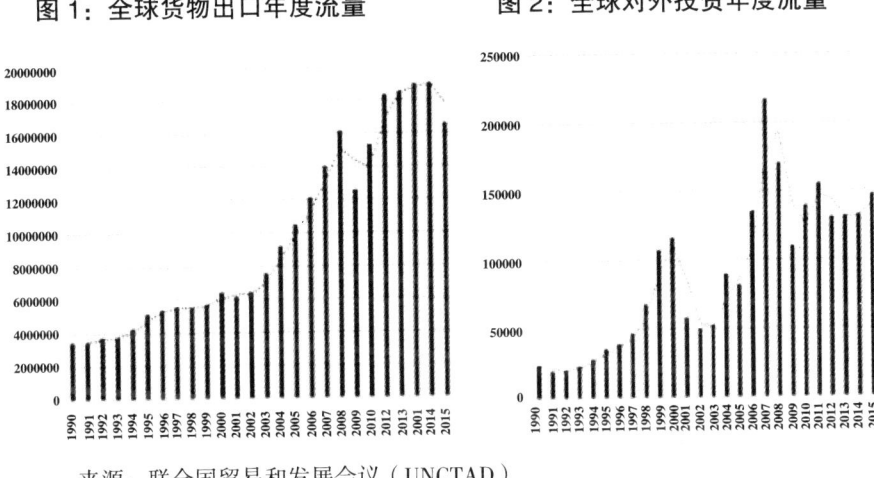

来源:联合国贸易和发展会议(UNCTAD)

随着2016年特朗普当选美国第45任总统,对全球化的反对浪潮被推向高潮。特朗普向在过去数十年中生活失意的选民声称,是中国和墨西哥抢走了美国产业工人的饭碗;他承诺入主白宫后将会对中国进口商品征收45%的高关税,与墨西哥重新谈判《北美自由贸易协定》,要把制造业的工作机会夺回来,等等。

对全球化的指责是错误的

然而，在这些民粹主义的思潮大行其道，全球化面临大倒退风险的同时，冷静的、基于事实的分析对所谓"全球化带来的问题"却给出了不同的答案。

首先，制造业工作机会向墨西哥和中国的转移是由产业梯次转移的经济规律造成的。自从工业革命以来，已经发生过数次产业转移。在18世纪末和19世纪上半叶，美国自己就是产业转移的受益者："世界工厂"从英国第一次向美国转移，催生了新的工业帝国。后来在20世纪中叶，日本和德国承接了美国的相关产业转移，日本由以重化工业为主导的经济格局成功升级至以专用机械设备、精细化工为主导的格局。在20世纪八九十年代的产业转移中，输出国是美国、德国和日本等，中国和墨西哥等发展中国家是受益国。这一轮产业转移的特点是有了全球价值链（GVC）。这使得后发国家可以专注于价值链中某个具体的工作而不用生产整个产品，降低了难度和工业发展的成本。然而，在2008年国际金融危机后，又一轮产业转移开始发生，底端产业链条开始从中国向成本更低的国家（比如印度、越南和非洲国家）转移。美国中等技能的工人就业率大幅下降，中国中等技能的工人就业率大幅上升；同时，中国低等技能的工人就业率大幅下降，而坦桑尼亚的低等技能的工人就业率大幅上升。

其实，产业梯次转移也曾发生在美国的城市之间。以纽约州的布法罗为例，由于受到工厂向南部和西部迁移的冲击，1969—1986年，布法罗总收入增长水平是南部得克萨斯州布朗斯维尔市的一半。当布朗斯维尔市年新增工作岗位达到76%时，布法罗的工作岗位则以每年1%的速度在减少。

其次，在更大的程度上，是科技进步造成了制造业在所有国家的就业机会的减少。随着"工业4.0"的到来，自动化和机器人在发达国家已被广泛使用，以代替重复和机械的工作来提高效率。如图3所示，在2014年，美国制造业所拥有的工业机器人的密度是中国的5倍。美国印第安纳州的鲍尔州立大学的一项分析认为，在制造业内，大约有13%的失业应归因于贸易，其余则是因为自动化提高了生产力。

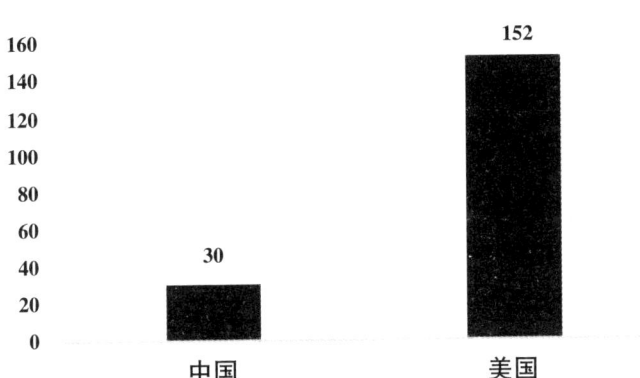

图3：每1万名制造业雇员所拥有的工业机器人（2014）

来源：国际机器人联合会（IFR）《世界机器人》2014年

另外，技术进步还深刻地改变了一份工作所需的技能组合。正如世界银行《2016年世界发展报告》所指出的，这一轮技术进步在很多发达和发展中国家都造成了劳动力市场的极端化，高端和低端的工作机会在增长，但是中端，常规重复的工作机会，无论白领还是蓝领的，却在消失。这也是造成工资收入不平等加剧的原因。

最后，大数据和算法等"工业4.0"下的新技术帮助企业对生产需求和运营物流的预测更加准确，使得企业可以及时调整生产策略和计划，减少了库存和对劳动力的需要。

正如英国《经济学人》杂志的一篇文章指出的，如今世界的经济增长困境依然是缘于美国的2008—2009年的全球金融危机，而不是全球化。在危机前的信贷迅猛增长帮助掩盖了美国的收入不平等，但是之后的次贷危机摧毁了就业机会和财富。次贷危机的"元凶"是美国宽松的银行监管机制，而不是全球化。

改善国际经济治理以应对新的挑战

从以上分析可以看出,就业减少、收入不平等和经济增长缓慢等问题的原因被错误地归咎于全球化。那么,国际经济治理应该如何来应对这些挑战?

首先,贸易保护主义不是应对国际贸易和投资持续低迷问题的政策选择。由于全球产业链的产生,多个国家的多个公司的经济利益紧密地联系在一起,形成"一荣俱荣、一损俱损"的局面。这让惩罚性关税只惩罚某个国家几乎是不可能的。

美国彼得森国际经济研究所的研究结果显示,如果特朗普对中国、墨西哥和其他贸易伙伴大幅提高关税的话,依赖出口的美国信息技术、航天航空、机械工程等行业将会受到最严重的打击;另外,特朗普提议的贸易惩罚也将损害没有直接从事对外贸易的行业,比如批发和零售、餐馆、临时就业机构等。美国数百万看上去和国际贸易没有联系的工作——低技能和低工资的工作,将会变得十分危险。

另外,对出口国(比如中国或墨西哥)提高关税的后果便是提高进口国(比如美国)的商品价格。但是通常是低收入人群才会更依赖便宜的进口商品,因此保护主义反而会加剧不平等,让低收入人群的生活受到更大的压力。全球经济治理应当促进和改善现有贸易和投资的国际协调,以提高一致行动的意愿。

其次,国际经济治理确实需要引领全球应对第四次工业革命的挑战,特别关注那些失意民众的诉求。比如,各国政府要为普通劳动者和年轻人提供接受再教育和培训的机会,帮助他们对正在发生的就业变化有清醒的认识,并养成不断学习、不断提高的习惯,以使他们能够拥有在变化中的世界里持续找到工作的能力。另外,各国政府应该重新审视收入分配政策,应在"1%和99%"之间找到更合理的再分配方案。

正如《世界是平的》的作者托马斯·弗里德曼在书中指出,美国要竖起贸易保护的墙只能刺激其他国家做同样的事情,这将导致所有人变得更穷。今天的世界需要的是国际经济治理的重塑和改善,更重视在科技进步中境况变差的民众的利益和诉求,同时不倒退,一如既往支持和促进全球化,通过包括达沃斯论坛这样的国际交流与合作平台,找到应对全球经济挑战的方法和路径。

王梅

(上海财经大学公共管理学院客座教授、
公共政策与治理学院首席经济学家)

全球经济何去何从

美国经济持续好转的优势会保持下去

在美国，现在的就业机会还是持续稳定增长的，所以，最近可以看到，2008年金融危机之后的大萧条已经有稳健的复苏。现在有很多证据显示，美国的这种复苏还在持续，而且，会在今后几年继续保持下去。美国经济的恢复，其实也是恢复消费者的信心。消费者的信心现在被证实是非常稳健的，他们能够支付债务，付利息、抵押贷款等都能够稳步地实现。与此同时，就业机会越来越多，人们的收入也会提高，他们的储蓄还有住房消费市场也会得到稳定的恢复，这是金融危机之后很明显的一个好消息。我们在最近也看到几年没有看到过的好迹象出现了，美国消费者的信心指数逐渐上升，而且越来越高了。他们非常乐意去支付一些低利息的产品。不管是美国的商品，还有国际商品的销售都是比较稳健的，也包括住房的销售，这些其实是美国经济重要的构成部分。所以，我们现在可以预测，美国经济持续好转的优势还会在今后几年保持下去。当然，居民的住房价格在危机之后下降了。因为过去有一些泡沫，当时住房价格很高，但是，随后利息很低，已经有极大地改善了。金融的情况也有所好转，对美国经济有非常大的助力，这是积极的一面。

总体来说，美国的经济还是会持续往积极方向发展。当然也会有一些通胀，不过现在通胀率还是比较低的。在过去，我们可以有比较高的通胀率，其实这会让利息率不断上升。再次强调一下，美国已经从大萧条中很好地实现了经济的回暖，所以，我们还是有能力让美国的经济继续发展，并且创造就业机会。现在美联储认为，美国国内通胀率已经达到了2%的水平，而且，失业率接近5%，也是一个比较不错的数字，这已经很接近我们的目标了。现在整个的讨论就是美联储是不是应该让经济能够进一步发展，进一步超过我们预期的目标，比如说超过2%的通胀率目标，或者是让失业率下降到5%以下的水平。

我们有几个原因，其中一个是，这是一个非常长时间的、痛苦的回升，劳动力的市场一直在回暖。我们要增加就业，但是，很多时候就业率并不高。有一些人需要获得更好的、更多的就业机会，而且，我们的通胀也一直是低于2%的水平。有的人说，如果让通胀率超过2%的话，我们能够让美联储给市场注入更多的信心。

还有一个原因是关于利率，因为现在利率还是接近0，所以现在我们的经济其实出现了一定的下滑，很难再去降低利率，因为利率都已经是接近0了。所以，我们必须要非常谨慎地提升利率，当然这个谨慎也是有道理的。

另一方面，人们也会说现在已经几乎达到目标了，利率也非常低，我们不想让通胀变得无法控制。因此，我们要更快地提升利率，可能基于这样的想法，人们就会觉得应该让货币政策更加符合正常的水平。这是我们一直在讨论的问题。我们了解到，美联储也说了希望再次提升利率，2017年如果经济不继续发展，那么美联储将会逐渐谨慎地提升利率。当然，这是一个很好的迹象，它显示了美联储在认真考虑利率的提升。美国的经济更加强劲，我们的通胀水平也是符合目标的。美联储可以更好地让货币政策更加符合正常的水平。

其他不确定因素

这里再谈一下其他一些国家的状况。对于欧洲来说，欧盟国家的经济从金融危机当中恢复了过来，当然它们的恢复比美国要缓慢。这有几个原因，首先，除了金融危机，它们还有一个主权危机。包括希腊还有其他的国家，也都受到了威胁，这是一个非常负面的局面。其次就是人口增长比较缓慢，以及生产率增长缓慢。另外，在经济恢复当中，欧盟有十七八个国家有统一的货币——欧元，这些国家可能并不一定非常满意这个统一的货币，有一些国家就执行比较激进的货币政策。有统一的货币需要有统一的货币政策，也是比较难协调的一点，也是它们要面临的一个难点。

我想阐述的是，欧盟国家的恢复比较缓慢，是因为它们与美国有很大的不同。美国 GDP 的增长其实已经超过了危机之前，还额外增长了 10%，而欧盟现在的 GDP 才刚刚达到危机之前的水平。之所以美国和欧盟之间有很大的不同，其中一个非常重要的因素，就是货币和财政政策在欧盟没有那么激进，它们采取政策需要花一些时间，而且，欧盟国家还有更多的紧缩政策，它们需要缩减预算，另外，欧盟国家的中央银行没有办法开展比较宽松的货币政策。这也就是为什么欧盟国家的恢复发展要落后于美国，这也是它们所面临的一些挑战，欧盟的中央银行必须考虑这些问题。

在亚太地区，日本也有一系列比较严重的问题。比如，它现在的人口增长非常缓慢，处于萎缩的状态，这是一个很明显的迹象。如果出现人口负增长的话，日本很难实现实质性的经济增长，这就是它现在面临的一个很大的困难。另外就是通货紧缩的问题。我们可以看到，通货紧缩在日本已经持续好多年了。从 2013 年以来，日本就希望采取财政扩张政策。但是，也有一系列问题存在，日本现在关注的目标不仅是短期的利率，日本央行希望能够调整短期利率，同时它也关注长期利率，比如调整十年期利率，发行长期国债。

日本希望能够更好地控制全国的金融状况，也希望实现日本经济整体的复苏和发展。到目前来看，它的目标也就是实现通货紧缩率能够维持在 2% 以内。日本现在面临的挑战是非常大的，还需要更大的作为才能够实现目标。日本政府现在想延迟消费税的增加，还包括持续促进和激励经济增长的一系列的措施。它还面临着一些基本面的问题，比如结构性改革，但是，它可能更多的是想解决劳动力方面的问题。是不是应该允许更多的移民进入日本，这是其面临的一个问题，只有这样，日本才能有更多的人口，当然还包括家庭人数的自然增加。

中国必须转型

我想谈论一下中国的发展。中美两国现在是世界上最重要的经济体，能够影响全球经济发展的方向。

首先我们来看一下宾夕法尼亚州一个叫匹兹堡的城市。它曾是美国最大的钢铁生产城市，由于生产污染问题，过去有很多烟雾和灰尘。随着时间的推移，这里的钢铁行业已经移到了其他海外国家。这个城市现在进行了改造，正在更多地增强自己的金融体系、教育体系的发展，比如说希望在匹兹堡建立新的大学，同时也在改善农业、环境、医疗，等等。今天的匹兹堡是一个非常好的城市，没有那么多的烟雾存在了，当然它也在重新改造自己，重塑增长的经济，提供各种各样的服务，比如金融服务、教育服务等等。从这个角度来说，这样的一种转型实际上也是中国现在要试图努力的方向。中国现在也正在进行转型，从发展重工业，比如制造业或者是工业发展，转向为新的发展模式。目前中国的重工业中某些方面的发展受到了限制，也就是有产能过剩的问题，所以，现在可以看到，很多中国工厂的效率非常低，而且也面临着转型，没有办法与国际上的竞争对手去竞争了。

就像匹兹堡这个城市所做的一样，中国也可以做一些转型。比如说高科技或者更贴近消费者消费的行业，包括教育、医疗服务等等，只有这样才能进行经济结构的转变。这是一个非常具有挑战性的任务。

中国现在这方面其实很像美国以前经济的形势。如果往前看，中国面临的真正的挑战就是，不管是不是要做一些改革，都要进一步促进经济的发展，这个是必需的，也是中国面临的主要问题。其实我还是非常乐观的，当然，未来还会有一些问题和障碍。比如，我们现在可以看到，要管理经济方面的泡沫，还包括与货币相关的一些问题。

现在，我们也可以在很多方面上像欧洲、日本所做的一样，能够把通货紧缩更好地管理在一个合理的范围内。同时就像匹兹堡做的一样，中国的经济转型也必须做这样的工作。

本·伯南克
（美联储前主席）
2016年12月

反思的必要：应对逆全球化的贸易政策

自 2008 年金融危机之后，西方世界正经历着巨大的反全球化行动浪潮。无论是反对新贸易协定的浪潮，还是美国的总统竞选活动，都是对这一现象的例证。这篇文章探索了全球化受到抵制的主要原因何在，以及伴随出现的进一步贸易自由化停滞的原因。此外，文章不仅确定了公共舆论中的抵制现象，而且发现全球经济正在远离"超全球化"（Dani Rodrik）。贸易、贸易谈判以及谈判专家的信心流失，都急需一种现实、平衡、包容、全面且与其他政策领域相匹配的贸易政策，文章结尾对如何恢复部分失去的信心提出了一些建议。

超大型区域贸易协定：注定失败？

多数国际贸易谈判的观察人员似乎依然认为 WTO 之下的进一步贸易自由化谈判处在停滞不前甚至危急的情形中，相反，双边及区域中的贸易自由化和规则制定谈判蒸蒸日上。但事实真的如此吗？显然，多哈回合下的多边贸易谈判已经拖延了 15 年之久，没有什么可以拿出来炫耀的。然而，与众多贸易权威人士观点相悖的是，最为重要的区域贸易协定（RTAS）——过度炒作的"超大型区域贸易协定"——这些"高端的"协定和公认的新全球贸易标准制定也没有多少繁荣。TTIP 目前基本上宣告流产。至于刚刚签署的欧盟与加拿大之间的全面经济贸易协定（CETA），由于欧盟议会受到了来自成员国和广大民众的压力,虽然其中的一部分可能暂时生效,但欧盟宣称这一协定为"混合协定",而对其批准已经成为完全不确定事件。竞选中获胜的特朗普反对 TPP,该协定能否得到美国国会的批准难以预测。近期,国际上著名的贸易专家吉恩-彼埃尔·莱曼(Jean-Pierre Lehmann)在《南华早报》发专栏文章,宣称 TPP"注定失败"。

收回控制权:反全球化冲击

这些指向了更广泛的问题。自 2008 年金融危机之后,我们开始目睹并经历反全球化的冲击。在西方大部分的发达国家,也是本文中讨论的焦点国家眼中,全球经济一体化的整个体系存在合法性问题。人们对于专家们的信任意愿——主张维持长久的一体化,资本、人口和货物在国与国之间自由流动,以及以纯粹的市场为基础做出的资源分配将是促进经济繁荣和公民社会福利的最佳途径——似乎已经被消耗殆尽。关于金融市场的去监管以及资本自由流动是好事的念头在 2008 年的危机中已经停止,紧缩使得银行和贪婪的银行家们不得不寻求救助,而民众则被迫为此买单。"巴拿马文件"(Panama Papers)、"卢森堡泄露"(Lux Leaks)以及近期的其他丑闻对于资本自由流动究竟如何提了一个醒。同时,大量不受管制的移民正从一些国家涌出,通常他们的文化和社会规范与移民接收国完全不同,有时甚至是格格不入,而这使得认为全球化、移民和劳动力自由流动能使得福利提升的新古典理论失去吸引力和公信力。

自由贸易既受到愈发广泛的反全球化情绪的负面影响,同时也是这种情绪产生的重要因素。离岸外包同关注"边境后"措施和监管一致的深度一体化协定进而推进贸易自由化受到了越来越多的抵制。至于 TTIP,更便宜的进口价格和对于在多年中可能增加工作岗位以及微不足道的 GDP 提升的含糊承诺,不会再激起公众任何的激情。

"收回控制"(脱盟论者的政治口号)、"政策空间""国家主权"以及民主选举或其他合法的政治主体的"管理权"在大多数选民中流行开来，成为当前社会的主题——至少在欧洲如此。许多人不再准备盲目接受由非民选官僚闭门制定的新的超国家规则，而这些官僚经常被怀疑与企业说客——所谓的"旋转门"共谋。尽管在公众舆论中还占据主导地位，这一整套"一体化以及流动性"的范式（又称"全球化"）正受到公开质疑，其中所有那些不利于金融、贸易或者移民的方面正被现有范式中的评论家们不分青红皂白地混为一谈。

为所有人贸易：失利者呢？

称这些反对全球化的评论为民粹主义、沙文主义、排外主义、保护主义或者落后是件很容易的事。虽然这些确实适用于部分评论，但日益反对开放有更深层次的缘由。这就是为什么谴责和辱骂不能够替代合理的分析。IMF相关文章指出，自由化政策不仅产生了"获利者"，同时还产生了许多"失利者"——特别是加剧了收入不公平的情况，而不平等的加剧反过来损害了经济增长的水平和可持续性，大部分抵制可视为是对这一基本政策的反应。贸易开放的潜在负面副产品——主要处于经济的需求端——对贸易增长近乎自动地促进经济增长的传统理念构成挑战（由于资源更为优化的配置使得生产力水平更高），而这种理念经常作为政治争论中解释为什么我们需要更多的贸易进而扩展到更高水平的自由贸易的标准观点。今后，这种观点需要更为谨慎的探究。供给、需求这两端的效应必须相互权衡，并在今后任何可能涉及进一步贸易自由化的决策时将其考虑进来。

但是，即使我们假设现阶段放松市场管制和国际一体化整体上是有益的，我们也必须面对这样的事实，即这些政策的受益方主要是少数幸福的人——例如富人、高技能者、世界主义者以及移动性高的人群，而大部分中产阶层、工人阶层和穷人已经落在了后面。在发达国家，许多普通的工人不仅相较社会其他阶层境遇变差了，而且和三四十年前的工人收入相比也绝对糟糕了很多（基于真实收入）。最近，麦肯锡全球研究所发布的一篇报告发现在25个发达经济体中，超过65%至70%的家庭认为同2005年相比，他们在2014年的真实市场收入是下降或者停滞不变的。如果将政府转移支付和降低税收纳入进来，这幅图景的严峻性将有所缓解：只有20%至25%的人处于收入分配中可支配收入持平或者下降的部分。但即使这样，这一比例也是相当大的，并且在政治考量上不可持续。

若经济一体化和贸易自由化确实带来了这样的后果，那关注于开放经济的人们则同样需要主张国内政策来减少收入和财富的不均等分配，以防止进一步的民族主义或保护主义的抵制。对于任何进一步促进自由化的措施，识别失利者——通常是整个群体——并对其进行充分的补偿，同时对全球化红利进行有效的再分配是必要的配套做法。只有这样，才有机会使得贸易为所有人服务，而"为所有人贸易"——正如欧盟2015年新的贸易和投资策略的标题所宣称的——才不会仅停留在一句空的口号上。对于现存的补偿机制——例如欧盟全球化调整基金、美国的贸易调整援助——需要批判性地审查已经被认识到的缺乏效率的问题，以及哪里需要改革和扩展，以使其能够完成它们的任务。

补偿原则也应该在国际层面得以应用。至少对于那些由于新的双边或区域贸易协定而导致出现负面贸易溢出、投资转移以及优惠受到侵蚀的贫穷和发展中国家，应该通过某种方式获得补偿，这点许多研究TTIP和撒哈拉以南非洲关系的学者都有所提及（比如对于欧盟和美国分别与非洲达成的特惠贸易协定，通过新的简化、协调且慷慨的原产地规则）。此外，任何新的自由化或者一体化项目必须进行严格的影响评估，例如人权影响评估，并就此采取相应的行动。作为处理全球经济治理问题的首要议程，G20应认识到国内和国际层面的补偿或再分配政策应当成为一个开放的经济贸易体系中的必要组成部分，以此来促进包容性，确保没有任何一方被排除在外。同时，G20还应当推进更多更好的影响评估措施，并敦促其成员在评估结果基础上采取行动。

探究非关税壁垒：以公共利益换取更高收益？

国际贸易对全球经济繁荣仍然起到至关重要的作用。因此，避免贸易自由化逆转是很重要的，因为这种逆转可能导致 20 世纪 30 年代针锋相对的贸易战争重现。但是，考虑到已实现的贸易一体化的深度——尤其是在发达经济体之间，它们是这方面的先行者——进一步的贸易自由化似乎更加困难了，而且它能产生的经济利益也比过去更少了。以 TPP 和 TTIP 为例，用计量经济学估计进一步贸易自由化所能带来的经济效益，研究的估计结果往往惊人地低：不超过一两个 GDP 的百分点，这表明收益递减规律也适用于贸易自由化。这个结果并不使人惊讶。在过去几十年中，发达经济体工业行业平均关税从 30% 以上迅速降至了 5% 以下。贸易自由化中大多数容易实现的目标已经显现出效果。如今，汇率波动往往比任何保护主义措施对贸易造成的损害更大。

为了进一步节约成本，这就是为什么双边和区域贸易谈判的前沿已经由边界深入到国家政策和非关税贸易壁垒（NTBS）政策选择的领域的原因，也是这种状况无论如何都必须持续的原因。企业的重大货币收益——只有在良性竞争、国内价格不具黏性且随世界价格调整的情况下，至少有部分的货币收益才能传递给消费者——被期待来自于产品和生产标准的协调或互相认可、产品认证要求以及行业和现今受到监管的部门的开放。世贸组织前总干事帕斯卡尔·拉米（Pascal Lamy）通过经验法则估计，废除现有关税能节约 5% 的成本，通过实施贸易便利化协定、减少边界管理中的烦琐程序可以节约 10% 的成本，但协调标准、规则和法规能降低 20% 的成本。

一般来说，协调一些技术标准在政治上是没有问题的，并且是一种先验经济收益。但是，修改消费者保护、粮食安全、环境、金融市场、劳动力、文化、公共服务等领域的法规——或其他任何反映社会偏好的领域——或仅仅让一个互相认可的（不均衡的）标准侵蚀它们，这是一个完全不同的事情。在这里，贸易自由化议程常被主张放松管制和私有化的受商业利益影响的议程模糊化；

若不是因为商业利益的影响力，这些议程并不是政治中的大多数意见。因此，使用贸易谈判来质疑、表达社会偏好，而且出于与国际贸易无关的原因建立规则，这种做法经常遭到强烈抵制。此外，这大大削弱了对贸易谈判和贸易谈判者的信心，特别是在欧洲。贸易谈判基本上被许多批评者视为因为受商业势利的影响而试图出卖国家的管理权。如果投资者进一步得到起诉政府、要求其对政策环境变化做出赔偿的广泛权利［这种环境变化可能使它们在声名狼藉的投资者－东道国争端解决机制（ISDS）系统中的私人裁决平行空间中的底线受到影响］，那么这种怀疑会进一步加强。

此外，一旦批评者们试图确定一个正在（秘密）谈判的新多边服务贸易协定（TISA）的内容，批评者的担忧实际上也不会减轻。从这方面看将国家坚定地置于放松服务领域管制和自由化的单行道上的新的法律文件即将变成具有约束力的法律条款。这既适用于国民待遇和市场准入的阻止新限制措施的冻结条款和棘轮条款（第一种条款锁定现有的自由化水平，第二种自动锁定在任何进一步放松管制的状态），也适用负面清单的使用（列出或放弃），它将取代服务贸易协定通用的正面清单。

逆全球化：新常态？

2008 年以来，我们不仅看到了民意中的反全球化浪潮，而且世界经济也进入了反全球化的阶段。金融危机以来，全球贸易增长基本上减少了一半——从每年 6% 多减少到 3% 左右。更重要的是，全球贸易增长持续滞后于全球 GDP 增长。换句话说，增长的贸易强度正在下降，因此，全球经济正变得越来越不全球化了。对于大多数专家来说，这只是一种失常，想要将贸易增长带回正轨并不需要特别措施。但是，总的来说，这种情况只能部分地归咎于保护主义措施，例如 G20 国家的贸易限制措施确实不断增多。截至 2016 年 5 月中旬，G20 国家的贸易限制措施一共有 1196 项（而 2010 年 10 月中旬的限制措施一共有 324 项）。此外，鉴于全球政治动态，保护主义的持续反弹——

这将进一步加速逆全球化——当然不能被忽略。

然而，其他力量——可能是更重要的力量——似乎也在这里发挥作用，这些力量包括消费模式转向非贸易服务、自动化或技术驱动的"回岸"、一些更接近消费市场的在岸生产或商品价格的急剧下降。目前还不清楚这些是否只是临时现象，正如人们普遍认为的——或者至少是大部分专家希望的——或者正如一些人所说的那样，这些是否是新常态的预兆，在新常态中，贸易和全球/区域价值链能发挥的作用将比在前几十年中的作用更小。有迹象表明，工资成本差异的重要性在未来可能会下降，而工资成本是全球价值链贸易的主要驱动因素。一方面，这可能是新兴经济体和发达经济体单位劳动成本日益趋同的结果，因为前者的工资在上升。另一方面，与其他成本——例如运输成本，一旦二氧化碳排放正确定价，它将内化于航空或海运成本中——相比，单位劳动成本的重要性相对下降，这促使了工资差异重要性下降。

反思时刻

虽然我们可能已经进入了一个市场驱动的逐渐逆全球化的阶段，但是任何政治驱动的进一步恢复都应该被抵制，这是为了避免掩饰或公开的竞争战的滑坡谬论。这说起来容易做起来难。至少，有必要恢复在贸易、贸易谈判和贸易谈判者方面失去的一些信心。然而，我们为此需要重新考虑贸易政策——也就是我们需要现实、务实、平衡、包容、与其他政策领域相适应并相协调的贸易政策。

第一，现在应该仔细评估进一步贸易自由化在全球经济增长方面或作为应对全球衰退方式时可以有何成就——实际上也不多。当其他因素阻碍全球需求时，我们应避免过分吹嘘它所谓的好处，而且要避免将我们对全球经济复苏的希望全放在它上面。相反，我们应该务实并找出哪些问题急需全球可接受的新贸易规则，并为所有人发掘潜在利益。跨境数字贸易（电子商务）是一个需要共同规则的领域。

第二，贸易政策应该停止推进激进的受商业利益影响的议程，而应该更加权衡各方在贸易谈判期间或定期咨询时提出的利益要求。贸易政策还必须充分尊重政策空间的需要和政府对公共利益进行管理的权利。表达社会偏好的标准不应该被剥夺。锁定准自动开放的不可逆条款必须被抵制。再以电子商务为例，除了其他事项以外，一个均衡的谈判结果将是确保网络中立性——即互联网用户获得数据的平等权利——而且，和公司存储数据的利益相比，国家隐私法具有优先权，比如允许国家隐私法要求数据被存储在其获取地。

第三，寻求包容性必须首先承认贸易自由化必然产生赢家和输家。不应该像过去那样允许赢家获得所有的好处，失败者必须获得国家和国际上适当的补偿，这是以公平、平等、包容和透明为优先的更广泛的政策方法的一部分。诸如欧洲全球化调整救济基金或美国技术援助局之类的方式必须进行审查、改革和扩展，以使其更加有效。事前的影响评估——包括人权影响评估和影响监测必须成为任何一体化或自由化项目的一部分。进一步自由化的供给侧和可能的需求侧影响必须相互衡量和加以考虑。

最后同样重要的是，迫切需要贸易和其他政策领域之间加强政策一致性。贸易和贸易的增加本身不应被视为一个目标，而应是作为达成各种目标的手段。首先，贸易政策和贸易协定应与国际劳工组织的体面劳动议程和增加全球供应链中的体面劳动相一致。有的贸易协定具有劳动章节或以其他方式包含有约束力或无约束力的劳工条款，它们是可以更好地协调经济和社会成果的潜在工具，仍然有待充分利用。更广义地说，劳工标准和国际成文的劳工权利——例如结社自由和保护组织的权利（国际劳工组织第87号公约）以及组织权利和集体谈判权利公约（国际劳工组织第98号公约）——不应被解释为保护主义措施。相反，它们应被视为平衡竞争环境、使全球化更加公平以及因此具有合法性的手段，它们不以任何方式影响收入较低、工资水平相应也较低的穷国合法的比较优势。第二，在这个时刻，贸易应特别支持可持续发展目标的实施和应对气候变化。因此，贸易政策和未来贸易协定必须尽可能与国际商定的政策框架相一致，特别是2030年议程和巴黎协定。总的来说，这意味着贸易政策必须为结构性转型做出贡献，其中包括经济繁荣和社会福利不能以环境破坏、资源利用和二氧化碳排放为代价。举例来说，这实际上可能意味着，优先成功完成多边环境产品协定（EGA）、为逐步淘汰有害环境的渔业补贴找到一个平衡的解决方案，或提出一个尤其针对绿色技术的更均衡的、与贸易相关的、可以促进其快速扩展的知识产权的新制度。

休伯特·席林格

（弗里德里希·艾伯特基金会日内瓦办事处主任）

本文首次发表在艾伯特基金会，
根据 2016 年北京 G20 智库峰会上的发言整理完成
2016 年 11 月

TPP 美国退群，亚太贸易格局面临重构

TPP 是由美国主导成立的旨在推动区域（主要是亚太）自由贸易的载体，在 TPP 的原有框架下，12 个签字成员国的经济总量接近世界的半壁江山（占比约 40%）。但 TPP 的谈判过程一波三折，不仅中国未被第一时间邀请加入，TPP 中最重要的两个成员美国和日本之间也存在嫌隙。今年 1 月，美国总统特朗普在上任伊始即宣布退出 TPP，"群主"美国的退出意味着 TPP 极有可能名存实亡。

除此之外，未来美国的对外贸易政策总体上也可能呈现出强调双边关系、以双边自贸协定取代部分多边或区域经贸规则的倾向。美国上述变动对全球贸易重心的亚太地区而言，无疑有着巨大的冲击。在双边协定的谈判环境中，美国既可以根据需要，对外交经贸关系进行适度调整，重新选择"朋友圈"，也可以用此为筹码，减少在多边规则设计下的让步，在双边贸易谈判中"逐个击破"，争取利益最大化。在美国的强势推动下，部分国家可能迫于压力率先签订有利于美国的双边协定，并带动其他国家的效仿，导致事实上全球经贸规则的重塑。

亚太贸易：域内与域外的互动

随着经济全球化的加速，各国间 FTA（自由贸易区）数量不断增多，区域经贸往来逐渐加强。当前世界经济增长的亮点在亚太，亚太贸易也自然是

当前国际贸易的热点。亚太区域内生产网络深度交织，产业内贸易蓬勃发展，形成了相对完整的产业链。作为全球最大的进口市场，美国是以亚太为核心的产业链主要的终端需求地之一。比如，在美国的前 15 大贸易伙伴中，亚洲就占据 5 个。因此，在亚太贸易机制的构建上，美国自始至终都试图参与甚至主导，以谋求更多的利益。

亚太贸易机制的构建，意在推动亚太贸易和投资自由化，最终实现区域经济一体化。由于历史原因和域外国家的涉足，亚太地区经济和贸易框架机制交错，一体化推进面临诸多困难。此外，无论是已有的还是正在谈判中的亚太地区的诸多贸易协定都存在相互竞争，区域内和区域外大国之间的双边外交合作程度决定了多边谈判与协商的进展。比如，中国和美国分别与若干亚太国家签署或正在谈判双边自由贸易协定，东盟自由贸易区和东盟与中、日、韩自由贸易协定也影响着区域经济一体化进程。目前，除了 TPP 之外，正在谈判中的两个涉及亚太区域的自由贸易协定也备受关注：一个是东盟发起的区域全面经济伙伴关系协定（RCEP），另一个是 APEC 牵头的亚太自由贸易区（FTAAP）。其中，在 RCEP 贸易框架的构建过程中，中、日两国也存在路线上的分歧。

在亚太贸易中，东盟自贸区（东盟十国）是域内和域外大国，尤其是中国、日本和美国争夺的主战场。目前，中国是东盟的第一大贸易伙伴，中国与东盟间的贸易规模与体量不亚于北美自由贸易区，而东盟同时也是美国第四大出口市场和第五大贸易伙伴。

亚太区域贸易合作走向何方？

目前，除了美国之外，尚没有其他经济体明确表示要退出 TPP，但仅有日本国会批准了该协定。不难理解，作为 TPP 框架内的第二大经济体，在美国退出的情况下，日本自然有动机进一步主导 TPP。根据日本政府预计，签署 TPP 将有助于其国内生产总值增加约 1190 亿美元，并创造 79.5 万个就业岗位。但单凭日本一己之力，显然无力单向推动早已打上美国烙印的 TPP。

近日，中国也宣布将考虑参与 TPP 于 3 月 14 日在智利举办的成员国会议。可以看出，在 TPP 群主美国"退群"之后，尽管原来的架构很可能"胎死腹中"，但是区域内的国家仍然将自由贸易看作是互利共赢的基础，都在积极寻求新的方案，促进亚太地区的贸易深化。

尽管原有的 TPP 方案对亚太贸易格局影响重大，但美国终止 TPP 对于泛太平洋国家和地区而言，未尝不是新的公平发展机遇，具体可能体现在以下三个转变：

第一，中国将要扮演更为重要的角色。特朗普政府退出 TPP，甚至重新谈判北美自由贸易协定（NAFTA），对于中国的经济外交而言或许是一种机遇。未来中国政府可以更加积极地推进 RCEP、"一带一路"与 APEC 等多边机制建设，并在其中扮演更加重要的角色。

第二，亚太地区将出现新的"世界工厂"与贸易增长极。随着中国劳动力成本的提升，诸多跨国公司已开始将代工厂向东南亚等具有廉价劳动力的国家和地区迁移。一旦美国真的打响了贸易战，与中国产业结构类似、具有较强替代性的东南亚国家将是潜在受益者，行业转移的速度也将不可避免地加快。可以预见，东南亚国家在未来将取代中国，成为新的"世界工厂"和亚太地区贸易的重要推动力。

第三，新的亚太贸易协定框架呼之欲出。倘若 TPP 由于美国的退出而解散，那么由东盟十国最先倡议的 RCEP 势必重新成为亚太诸国议程中的优先选项。在"10+6"的框架下，日本、韩国、新西兰、澳大利亚、印度和中国的共同参与将带来不逊于 TPP 的活力。因而，特朗普退出 TPP 的决策，孕育着不同的可能性，也将令亚太贸易版图再增变数。

郑联盛

（盘古智库宏观经济研究中心高级研究员）

肖立晟、杨晓晨、王宇哲、周济

（盘古智库宏观经济研究中心研究员）

中国塑造全球角色的时机到来

美国总统特朗普 6 月 1 日宣布美国将退出《巴黎协定》，与尼加拉瓜和叙利亚一起，成为这一气候协定仅有的三个非参与国。美国的这一决定在其国内引发了激烈讨论，很多精英人士开始怀疑，后美国时代是否将比他们预想的更快到来。

一个曾以传播普世价值为神圣使命的大国，现在正在放弃其全球责任中的部分核心理念，这多少有些讽刺。

美国向来标榜其人口和思想的多样化，不过，现在美国却开始种族歧视，尤其是针对西班牙裔和穆斯林，还公开歧视女性。保证自由和开放的制度和体制是美国社会的基石，但这一基石似乎正在动摇。

总之一句话，美国正在抛弃其道德领导力。

美国当前的走向正让其越来越难以指责其他国家不遵守美国为他国划定的国际准则。而在不履行其自身责任的情况下，美国也将越来越难以要求其他国家做"负责任的利益相关方"。

美国人口只占世界人口的 5%，但却排放了全球 15% 的温室气体。印度人口占世界人口的 17%，但排放的温室气体在全球排放总量中的比例却低于 6%。美国向世界抱怨其负担过重，显然站不住脚。

如果美国不再能为全球提供独特的道德洞见和领导力，那么美国又能代表什么呢？当前世界亟须经济、政治和道德力量来帮助各国走出保护主义、民粹主义、网络威胁及恐怖主义等带来的困局，更别提仍未走远的金融稳定威胁，美国却正从世界舞台撤退，而且不是悄悄地，而是以刺耳的"美国第一"的口号。

如果每个国家都践行这种公然鄙视全球合作和国际秩序的行为，世界将变成一个更糟糕的地方。人类过去在减贫、改善人民生活等方面取得的重大成就，也将被逆转。

这也是为什么当下是中国站出来，为塑造新的全球秩序做出承诺及努力的恰当时机，正如美国在二战后那些年所做的那样，过去很长一段时期，中国避开聚光灯，悄悄地积累实力，快速实现现代化。

现在，即使中国不希望在国际事务中承担全球性角色，躲避也已不再是一个可行选项。中国的体量已实在太大，不可能不对世界其他地区产生显著影响。中国已从老虎成长为大象，正如俗话所说，"当两个大象打架，遭殃的是草地"。

中国经济的任何波动都很可能给全球金融市场带来震动。无论是两年前的股市异动还是一年前的资本流出，近年来这一情形已不止一次显现。今天，多数金融机构每天都会紧盯中国市场，留意中国的经济增速、债务比例，同时也密切关注中国发生的政治事件和社会动态。

"溢出效应"（spillover）这一词语对很多人来说再熟悉不过，意思是中心国家的政策决定或金融波动会蔓延至海外，对其他国家造成重大影响。不过，"溢回效应"这一新近开始流行的概念或许更为有用，它指中心国家对外围经济体产生的影响会反过来影响中心国家。

因此，即使在仅仅着眼、追求自身利益的情况下，中心国家也不能再忽视其对世界其他地区的溢出效应。如果中国不站出来，在世界范围内承担起维护和平稳定、维持开放局面的责任，全球秩序的维护将受到影响，最终无疑会伤及中国自己。中国是全球化的极大受益者，高度依赖一个繁荣、有活力的世界经济。

如果美国继续展现这种过度的不可预测性和不可信赖性，很多人或将加入德国总理默克尔等人的队列，以更加怀疑和不信任的态度看待美国。在当下美国的全球领导力正越来越受质疑之时,中国积极塑造其全球角色的时机已经到来。

中国无意卷入他国战争,对助推其他国家和地区的军事对抗也不感兴趣,但应该利用自身高储蓄率的资金优势,去帮助发展中国家对抗疾病,减少贫困。

中国还没有能力充当世界的银行家和保险人,为其他国家提供国际流动性和安全资产,帮助其他国家从金融紧张形势中走出来,但中国可以提供大量长期性投资和资本承诺。

中国从不想公然挑战美国作为全球霸主的地位,但如今,曾经不可一世的超级大国美国也开始失去不少光泽,其以人类进步的名义在全球开展的不少行动,让不少国家从普遍支持转向公开异议。

美国打算从全球化进程中退场的同时,中国呼吁世界各国拥抱全球化。美国政府正准备从应对气候变化的全球合作中退出,中国则正逐步加强其对绿色技术的投资和承诺。

"一带一路"倡议是全球合作新范式的旗帜性项目。通过为参与国提供领导力以及协调平台,中国可以让其他很多国家发掘其自身的比较优势,并朝弥合世界各国在基建方面的鸿沟这一共同目标前行。

一些国家可提供自然资源,另一些国家可提供物流能力、技术或资本。但是,如果没有一位"船长"来提供关键的投入,这一重要的全球发展及连通努力就不可能成为现实。换句话说,中国正创造出一种新的合作模式,通过改善参与国的经济状况,来扩大其影响力。

中国要防止陷入跟美国一样的陷阱,即强调"美国第一,美国唯一"的行为准则。这一利己主义思维目光短浅,甚至还曾被美国自己谴责,长远来看对任何国家都没有好处。在信息技术和数字连通的时代,没有哪个国家可以通过退出全球化、拒绝开放来实现繁荣。

很长一段时间以来,中国走的都是一条韬光养晦的发展路径。过去这是正确的策略,因为那时中国还是一个相对贫穷的国家,需要现代化和工业化。现在中国仍需继续发展,让发展成果惠及更多中国人,但这一国内目标与促进全球和平繁荣这一更具全球视野的目标并不冲突。

美国的全球影响力是依靠其对外输出价值观、文化，以及独特的道德洞见等方式获得的。数千年来，中国借助自身的文明优势获得了其他国家的尊重，并维持了区域内的和平和秩序。当中国能通过发展成就和以身作则获得其他国家的认同时，自然不需要通过军事力量来达到这样的目标。中国的角色也从来都不是传教士，争取别人的尊重而非诉诸武力强制。

现在是时候思考如何定义中国的领导力了。考虑到中国的经济、军事实力仍然有限，设定优先次序极为必要。通过主动塑造中国的领导力模式，使要谋之事与我们的价值观和目标相符，而不是被推着去执行和推进一些连我们自己都不认为可行的任务。

对一个将处世哲学和文明优势看得比物质富足更为重要的国家，中国应重新强化其道德责任感。这是该做之事，从长远看将使我们每一个人受益。

中国在世界舞台上的角色及其与美国的双边关系，无疑是极具价值的世纪难题。直到近年，世界上仍有一些国家靠向美国，试图抑制中国崛起。"修昔底德陷阱"一词用来描述新兴崛起的大国必然要挑战现存大国，而现存大国也必然回应这种威胁的情景。纵观历史，16次这样的情景中有11次都以战争结束。

今天，"修昔底德陷阱"很可能被避免。关键在于中国能抓住这一机遇使自己获得长足的发展，并在构建全球命运共同体中做出新的更大的贡献。

金刻羽

（伦敦政治经济学院副教授）

新的国际秩序变革需要中国方案

这是最好的时代，也是最坏的时代

"'这是最好的时代，也是最坏的时代'，英国文学家狄更斯曾这样描述工业革命发生后的世界。今天，我们也生活在一个矛盾的世界之中。"

中国国家主席习近平在 2017 年冬季达沃斯演讲开篇的这段话，在全球政商学界领袖的社交网络上瞬间走红，反映出"这个世界真的在变了"，也折射出全球精英自身的焦虑。

2016 年令不少人颇觉意外，特朗普当政、英国脱欧，让长期掌控欧美话语权的精英阶层和各国民众间的裂痕清晰可见。但更令人意外的是，伴随着快速全球化趋势，快速积累财富乃至政治影响力，这个很多时候互相之间走得比与本国民众还近的群体内，也在出现前所未有的分化。

"这很大程度上是一个历史的支点，一个有可能向许多不同方向发展的节点。我无疑非常担心美国可能迈向的方向。"美国前财长萨默斯说道，"我尤其担心，太多的美国人看起来可以接受那些很可能是非常危险的美国政策转向。"

在美国，不少来自金融市场、华尔街和企业界的精英已在向特朗普靠近，多数媒体、学者和前政治家则坚守在反面。"很显然，他会分裂美国人。"索罗斯直言。

而对英国，精英阶层也已从公投前后清一色支持留欧转向分化，在民意和强势政治家的推动下，悬念似乎更多在于，硬脱欧后，英国会变身"泰晤士河畔的新加坡"，还是迈向"小不列颠"。

在这个具有历史性的节点，本文试图勾勒这个群体在其他场合难以觅见的碰撞、矛盾和不安，借此管窥面对这三件当下美、欧、亚三大洲最具动能的事件，全球政商领袖的情感、直觉和利益指向什么？

面对变局中心的强势政治家，他们将推波助澜，独善其身，还是加以抵抗，或许能为这个不确定时代的走势提供一点蛛丝马迹。

"他会分裂美国人"

美国大选结果揭晓前，全球精英阶层内支持特朗普的是绝对少数。在一年前的达沃斯论坛上，就像美国风险投资家彼得·泰尔（Peter Thiel）所说，"没有人认真对待特朗普。"

一年后，情况出现变化。贝莱德主席劳伦斯·芬克（Laurence D. Fink）被认为是潜在的希拉里政府财长热门人选。特朗普胜选后，他受邀加入特朗普政府的商业顾问委员会。该委员会成员中的不少人曾属于"永远不支持特朗普"阵营。

芬克在一场讨论中表示，很多美国人认为过去数十年的政策对他们来说错了，现在看到很多借语言宣示让政策转向的例子。最近美国汽车销售状况很好，中小企业也开始投资了。企业界的乐观情绪还是很高的。

投资界也不乏积极的看法，加拿大养老基金投资公司（CPPIB）CEO 马勤（Mark Machin）表示，当前正在一个新的政治体制开端，无疑有很大的不确定性，这是现实，但也存在少有的潜在投资机会，应该对此做好准备。

基辛格在达沃斯论坛行将结束前临时加场，从纽约连线达沃斯现场，时间恰好在特朗普就任演说前几小时。30 分钟的对话后，新加坡国立大学教授马凯硕（Kishore Mahbubani）坦言，"他什么（有意思的东西）都没说，我本以为他想说些什么，恐怕是担心冒犯特朗普。"

当然，特朗普也冲击着商界领袖的神经。已被提名白宫公共关系和政府间关系办公室主任的安东尼·斯卡拉穆奇（Anthony Scaramucci）是特朗普政府此次在达沃斯论坛的唯一代表，对达沃斯论坛并不陌生的他在一场讨论中表示，二战结束以来的贸易体系，让产品大量自由流入美国，美国中产阶级空心化，800万到1000万人从工人阶级变身工人穷人（working poor）。

"今年的达沃斯论坛会是很有意思的一届，看看人们会不会有所反思。"新经济思维研究所理事会主席特纳去年12月曾笑着展望道。

面对特朗普胜选，与英国脱欧后的情况很像，金融市场调整得很快。在对去监管、税改等政策的预期下，美国各大股指目前仍在不断创出历史新高。

"目前，市场仍在欢庆。当现实照进市场，人们会被敲醒。"索罗斯警告称，目前市场不确定性在一个高点，这是长期投资的敌人。席勒亦表示，股市的特朗普效应建基于幻觉之上，人们对特朗普是一个商业老手的认知正带来过度乐观的情绪。

哥伦比亚大学教授约瑟夫·斯蒂格利茨分析称，金融市场攀升并没有将一些风险因素，包括全球秩序、升息风险充分"价入"。"金融市场参与者只看他们自己所处环境，而不是整个社会会怎样。"

"当有显著的减税、去监管前景时，市场会有自然的欣快反应。但是我担心'食糖后的兴奋'正被引入全球经济。"萨默斯说。

不过，美国金融市场繁荣的背后，确实有美国经济切实向好的支撑。

斯蒂格利茨解释称，至少在经济方面，特朗普运气很好，他就任前刚好经济复苏到2%—3%的长期增速水平。特朗普的一些政策确实对经济有切实刺激，但也有不理性繁荣现象存在，比如基建项目需要很长时间才能落实并对经济产生效果，这也是奥巴马政府曾面临的困难。

布雷默和英国皇家国际事务研究所（Chatham House）主任罗宾·尼布雷特（Robin Niblett）则提供了稍显不同的看法。"我相信特朗普政府对美国经济会有正面影响。"布雷默表示，他会让美国企业聚焦于美国岗位、美国基建，而共和党控制的国会能为政策放行。所以至少在短期内，美国经济前景是乐观的。

"我对特朗普的担心，更多不是关于美国经济，而是关于全球化和国际秩序。"尼布雷特说，他的任期内，世界在地缘政治方面会更危险，但是美国会更安全，美国资产因而会有一定溢价。

在达沃斯论坛期间，参会代表关于商界是否应该参与特朗普政府政策制定进行了不止一次的讨论。在过往总统任内，受邀参与象征荣耀，然而这一次，不少人就对他们眼中的"特朗普合作者"表达了不满。

"我倒认为商界领袖应该参与。"一位英国媒体领袖坦言，这至少比让特朗普身边更危险的顾问把控政策制定好。考虑到特朗普与媒体的糟糕关系，以及对"华盛顿内部人"和学者们的不信任，"商界有可能是特朗普惟一会从外部倾听的声音"。

不过，她提醒，商业领袖们也要记住，他们手中最有力的武器就是公开抗议，或者退出顾问委员会。

在特朗普广受抵制的移民法案被推出后，脸书 CEO 马克·扎克伯格（Mark Zuckerberg）于翌日首先站出来表示，"没有移民，就没有今天的美国。"随后，美国近百家硅谷科技公司 CEO 加入反对该行政命令的行列。2 月 2 日，在 20 万用户因优步 CEO 特拉维斯·卡拉尼克（Travis Kalanick）担任商业顾问委员会成员而删除优步应用后，卡拉尼克宣布退出该委员会。

在另一端，那些坚持与特朗普抗争的精英们，对于特朗普的看法以及美国过去数十年难言成功的政策和体制，是否有反思？

"要说反思还为时太早。"尼布雷特说，他仍然坚持在经济方面的分析，大规模基建和税改很难不引致债务上升。特朗普寄希望于美国企业在减税环境下将资产移回美国投资，带动新一轮美国国内经济振兴。但是，如果同时推出边境税，令贸易承压，特朗普很可能就没法达到目标。"他或许相信，只要他嘴上说了（talk），事情就会照此发展（walk）。我不认为会是这样。"

即使包括不少美国精英在内，很多人都承认如果希拉里胜选，不平等日益严重等美国社会面临的大问题不会有显著改观。萨默斯对此辩护道，如果她获选，不少领域会采用不一样的政策，但是，收入分配问题很大程度上受原始力量驱动，很难因美国总统的某项政策逆转。

如果如他所说，特朗普税改对普通人来说并不那么美妙，美国社会是否会停留在一个恶性循环中？"确实有这样的风险。"萨默斯坦言，"我倾向于认为将社会带出这样的窘境是伟大领导者的大任。美国向来有能力在我们需要这样的人时产出这样的领导人。但是，美国也有超越某些个人的能力——总统也不例外，有一些恒久的价值理念。美国社会的领袖努力捍卫这些价值理念无比重要。"

英国人尼布雷特也认为，美国有巨大的内部韧性，如果动物精神能被充分释放，美国一定能走出来。"更大的担心在于全球秩序。"

在2016年后，西方精英和百姓间的鸿沟是否能被弥合？"我不认为会被完全愈合。但我希望可以慢慢地有更好的解决方案。"萨默斯说。

"与习主席心更近"

中国领导人在达沃斯论坛上的讲话在令欧美精英们惊喜、欣慰的同时，也无疑让他们中的一些人稍感不是滋味。

全球政商领袖对习近平讲话和对全球化的支撑不吝溢美之词。"拜登在听完习主席演讲后对我说，这个演讲如果拿到美国民主党全国大会上，可以说服很多民主党人。"IMF前副总裁朱民透露。"最敏锐、犀利的一位评论家马丁·沃尔夫（Martin Wolf，注：英国《金融时报》首席经济评论员）随后对我说，'我真觉得像一个美国总统的演讲，当然我真希望是美国总统在做这个演讲。'然后他说了一句深刻的话，'这个世界真的在变了。'"

针对无论是来自商界、政界还是其他领域的全球领袖清一色的褒奖，纽约大学教授鲁里埃尔·鲁比尼甚至表示，全球精英们在情感上与习主席，而非特朗普更近。

萨默斯道，"我认为并不完全如此。特朗普说了很多对美国企业有利的言论，事实上让很多企业家对他有了一些忠诚度。不过，习主席确实阐述了不少关于自由贸易、经济合作意愿方面的价值观。这些与美国很长一段时间来引以为傲的价值观吻合，而且是中国过去没有主动拥抱的。"

全球精英们也对习近平演讲的语言和策略津津乐道。一位美国媒体领袖表示，在当前背景下，中国领导人来到达沃斯开篇就引用"这是最好的时代，也是最坏的时代"，收效极好，这句话在推特上瞬间"病毒式"传播。

另一句让人们印象深刻的话是，"搞保护主义如同把自己关进黑屋子，看似躲过了风吹雨打，但也隔绝了阳光和空气。"鲁比尼说，这很形象地展示了保护主义的利与不利。

"让世界经济的大海退回到一个一个孤立的小湖泊、小河流，是不可能的，也是不符合历史潮流的。"这句话给人以前进、进步的感觉。尼布雷特说，特朗普的言论则给人以抵制进步的感觉。

欧美过去15—20年半失败的经济政策，最后导致全球——其实是欧美——金融危机，欧美政治家看起来希望在全球化问题上叫一个暂停。尼布雷特表示，"我希望的是，暂停不意味着后退，不做TPP可以给欧美人时间来重塑平衡。"

让布雷默感到"很聪明"的是该次演讲的话题选择和聚焦。"特朗普喜欢谈判对手感到焦虑、站而未稳。"在谈判中，让对手离开舒适区，无疑更容易谈。特朗普通过自己的言论已让欧盟、德国、日本等国"中招"。

习主席聚焦贸易这一潜在可以双赢、共赢的话题，丝毫未触及台湾、南海等敏感问题，潜台词是，先看看特朗普政府实际做什么，然后应变。"我认为这一策略是聪明的。"

在其后几周中，中国方面都遵循了这样的做法，直至特朗普在他的难民法案遇阻后，于元宵节前后与习近平通电话表达节日祝愿。

中国接棒？

"中国支持一个开放、融合的全球体系的立场无疑很受欢迎，但是最终，相对习主席的言论，更重要的是中国的实践。"萨默斯这样表示。

在习近平发表主旨演讲当天上午，中国国务院发布《关于扩大对外开放积极利用外资若干措施的通知》，表示将重点放宽银行类金融机构、证券公司等金融领域外资准入限制。

"我们欢迎中国政府对外资机构继续保持开放的态势，这有利于中国金融业开放。"瑞银CEO安思杰（Sergio Ermotti）表示，"当然，我们也知道这不会是一条笔直的道路，最重要的是保持在这个方向上前进。"

安思杰参与了习近平到访达沃斯前在瑞士首都伯尔尼与几家瑞士最大企业负责人的会面。他表示，瑞银于2016年初宣布的至2020年实现中国员工人数翻番的目标目前还未有改变。

彭博董事长高逸雅（Peter Grauer）也认为，中国扩大金融业开放符合中国及全球利益。虽然还不清楚是否已经有了确定这一进程时间表或重要时间节点的具体计划，但是，如果回看过去两到三年，再向前看，会发现这是中国政府已认定开放大方向的极好例子。

过去几年，外资在中国投资环境相对困难。针对这一政策意图和文件是否会成为外商在华投资环境的转折点，他表示，从中国的历史发展看，很难说是否有所谓的"转折点"存在，通常是在一个较长时间段内，一个渐进、长期的计划和进程。

在变局下，中国的开放步伐可能将更多取决于中国自己。尼布雷特这样认为，允许欧美促动中国开放的很多事物，欧美自己现在正在对其关上大门。欧美很难再像过去一样对中国施加多少影响。

"从习主席的演讲中我也听出这样的潜台词。"他说，"我们不需要被推，我们不是为你们开放，而是为我们自己开放。而且，我们也会以自己的方式推进，这样可以保持一种平衡，包括政治平衡，这是不少国家没能保证的。"英国脱欧就是关于拿回控制权的举措。中国也希望保有对全球化进程的控制（速度）权。

不过，也有人认为，一个相对糟糕的潜在发展可能会对中国的改革开放有所促进。

一家北美企业的 CEO 表示，在他评估哪里有投资机会时，"任何可能被贸易战波及的国家都可能是个有趣的机会，只要你相信贸易战会是暂时的，相信市场会过度反应，相信对牵涉其中的国家来说长期看可能有好结果。"有时候面临外部压力，被放到困难局面下，会促使政府"吃下苦药"，加速改革。"当然，我还是希望这一问题能得到理性解决。"顿了几秒钟后他补充道。

不过，被太快"推上"领导者位置也可能给中国带来一定的挑战。布雷默提醒道，没有人应该相信，美国的角色会马上被中国接过。很多人认为当前这样一个"G0 世界"是中国想要的，但是，美国和欧洲人不愿或无力继续支撑多边体系，对中国来说也有风险。

在他看来，中国在奥巴马政府时代每年"团结"几个国家，但是不用站出来说"我带路"，这对中国来说是比较舒服的。"如果希拉里胜选，习近平也将会来到达沃斯，但不会是今年。"领导地位伴随着责任。中国在经济方面的能力很强，企业更"爱国"，因此，中国政府撬动企业、执行经济国家主义（statecraft）的能力比美国强。

"但是，当今的很多问题不是经济问题。"他坦言，而是社会层面的，包括中东局势、难民、恐怖主义等问题，特朗普政府在气候问题上不会扮演建设性角色。而中国的外交能力、军事能力、科技能力、软实力，还大大落后于美国，中国还面临着巨大的环境、人口老龄化等挑战。

中国今年的政治日程也意味着中国不会希望看到任何不稳定因素。他说："中国还远不具备以一己之力解决或是管控全球性挑战的能力。"

"泰晤士河畔的新加坡"？

"如果你相信自己是一位世界公民，你就不是任何一个国家的公民。"2016 年 10 月，英国首相特蕾莎·梅用颇为严酷的口吻警告仍存有留欧"幻想"的英国人。

1月17日，也是达沃斯论坛第一天，她在伦敦发表讲话，表明其政府硬脱欧的决心，并回应留欧派质疑，首次勾勒了脱欧路线图。两天后，她来到达沃斯，依旧穿着她喜爱的豹纹鞋，但言语间多了几分友善，"英国是一个着眼全球的贸易国度"，"英国将会对全球大开商业之门"。

"这给人感觉昨天还在谈离婚，今天就在谈新男友。"哈佛大学教授里卡多·豪斯曼（Ricardo Haussmann）在她的演讲后这样描述他的观感。

"这是很有意思的总结。"一位汇丰银行高管笑着说，"这两场演讲针对的受众不同，在伦敦的演讲在英国人中反响不错，今天在达沃斯的演讲在这里的人看来也很好。"过两天她还会到布鲁塞尔发表演讲，恐怕不会受欢迎，因为从欧洲人角度来说，他们希望英国受脱欧重创，令潜在希望脱欧的欧盟国家知难而退。

"2016年是让很多人，尤其是英国人感到困惑的一年。"沃尔夫在主持一场讨论中面对英国财相菲利浦·哈蒙德（Phillip Hammond）表示，"英国结果成了成熟经济体中增长最快的一个。"英镑下跌对制造业出口很好，"只是我感觉自己一天比一天穷了。"预测显示今年脱欧也不会对英国经济有很大负面影响，很可能还是正面的。"看起来一切都在顺畅调整中，还可以持续很久吧。"这一番引子勾起台下观众的笑声。

索罗斯也持颇为怀疑的看法，"英国目前的情况并不差，但是，随着英镑进一步贬值，通胀会是主导性因素，导致英国人生活水平下降，因为薪资水平没法快速提升。离婚相比结婚，难多了。"

芬克则表示，美国国内市场很大，英国似乎是想成为"泰晤士河畔的新加坡"。

哈蒙德回应道，英国脱欧和特朗普胜选的驱动性因素不尽相同，反贸易情绪在英国并不强。英国其实是想与欧盟之外的全球各国更自由地贸易。英国脱欧更多是关于移民问题，关于从布鲁塞尔拿回控制权。这源于布莱尔政府在20世纪90年代犯下的错误，让英国吸收了当时一轮移民潮的大部分冲击，进而造成英国公众的思维定式。

首相特蕾莎·梅已经给出了脱欧路线。她坦言："我们也知道,脱欧很可能意味着放弃对欧盟单一市场的准入,但是,我们仍然希望与欧盟开展贸易,欧盟和欧元仍然会是强健的,英国也会同样保持竞争力。"似乎是想与美国新政府做法划清界限,她稍作停顿补充道,"英国会留在国际经贸的主流内。"

有意思的是,英国上一届政府的财相奥斯本也参加了此次达沃斯论坛,尽管未公开发言,但是仍能在不少场合看见他的身影。相对英国前首相卡梅伦,他无疑仍受全球精英的尊重。

前述汇丰银行高管透露,"奥斯本说得很清楚,脱欧公投的参与率很高,结果是清楚的。英国脱欧问题不在经济层面,而是关于重新成为英国人。"

"我自己在这一问题上的看法也有改变。"他坦言,"公投结果揭晓后我深深地不安,希望能有第二次公投。但是越想,越觉得脱欧后的英国完全有可能繁荣。当然,很可能需要经过数年的不确定才能等来新秩序最终建立,谈判和建立各种安排是关键。"

让他稍感困惑的是新政府的对华政策,"似乎没有卡梅伦政府那么积极,不清楚这是否只是过渡性的。"不管怎样,英国一直是一个重商主义的经济体,希望与所有国家自由贸易,包括中国。英国在"中英黄金时代"和人民币国际化方面的努力"没有理由不继续"。

"小不列颠"与离心的欧洲

在英吉利海峡的另一端,情况并不像英国人想象得那么简单。德国财长沃尔夫冈·朔伊布勒(Wolfgang Schäuble)表示,"英国这样一个伟大的国度不能与新加坡相提并论。情况远远更为复杂。"英国只有在欧盟内才是有全球影响力的国家,没法变成"泰晤士河畔的新加坡"。

"从欧洲国家角度来说,我们并不希望惩罚英国或是英国人,而是希望把脱欧对英国和对欧洲国家的伤害最小化。"他严肃地表示,"但我不是容易被言辞迷惑的人，必要时得秀秀肌肉。德国有一句古话，'我们从不吃像刚烤好的那么烫的东西。'我和梅相识很长时间了，互相知根知底。"

WTO前总干事、法国人拉米也表达了类似的态度，"英国在脱欧中的损失会远比欧洲国家大。"

尽管英国新政府不走保护主义之路的说法让欧洲之外的全球精英稍稍放宽心，但是，人们仍对英国前路不乏怀疑。萨默斯表示，脱欧是英国人的选择，做出这一选择的人分成两派。一派是拥护全球化的，希望英国成为像香港那样的"全球港口"；另一派则希望英国走向保护主义的"小不列颠"模式。

英国政府现在面临的问题是如何调和这两个立场。他说，"我认为他们的立场和说法没法避免一定程度的自相矛盾。我担心，英国如果不能与欧盟保有稳固的关系，也很难与其他国家有深入的经贸关系。"

尼布雷特也不无担心地分析道，英国希望和其他国家自由贸易、签订双边协定，但是，英国现在变成谈判中的"开口方"（asker）。"当你处于这个位置，你就在一个相对弱势的位置上。被问，无疑更有利。"更何况英国在与某个国家谈判过程中，还需要与其他很多国家达成双边协定。

特朗普确实说过会与英国商签双边协定。他进一步表示，但是，英国对美国保有贸易顺差。特朗普曾表示希望与英国有一个"公平的协定"。对特朗普来说，逆差绝非公平的，谈判无疑会很复杂。

在英国内部，与欧盟数十年的纽带也让一些具体问题难于处理。牛津大学校长路易斯·理查德森（Louise Richardson）表示，保证国际学生，包括欧盟学生在英国读书、就业签证便利是一个重要问题。牛津大学政府学院院长恩盖尔·伍兹（Ngaire Woods）在一场讨论中直截了当地对哈蒙德表示，在潜在新签证制度下，英国学府未来在国际上的竞争力令人担忧。

哈蒙德对此强调，来自东欧国家的低水平劳动力流入把英国实际工资水平压在较低水平。英国政府希望限制低技能、非研究生水平的工作移民，对于研究生及以上水平的工作移民仍持欢迎态度。讨论结束后，伍兹坦言，了解哈蒙德的难处，只是特蕾莎·梅政府需要在移民问题上做出足够的姿态。

在布雷默看来，特朗普胜选无疑给英国支持脱欧者更强的信念。如果法国总统候选人勒庞赢得今年法国大选，潜在引致欧元区解体，英国脱欧恐怕就不会是欧洲发生的最糟糕的事。

2016年，欧元区经济增速超越美国，为危机后首次，但是，欧元区内的分歧也日益清晰可见。意大利财长帕多安公开表示，欧洲的一大问题是欧元，在很多欧元区国家看来，问题出在布鲁塞尔和法兰克福。欧元应该是帮助后进国家的，现在却反过来被利用。

"这两年我在欧洲各地行走，感到越来越多的欧洲人对欧元机制抱有不满，尤其是葡萄牙、西班牙等南欧国家。"2016年出版了《欧元：威胁欧洲未来的单一货币》一书的斯蒂格利茨表示。

朔伊布勒则回应称，面对英国脱欧威胁，欧盟需要让自己变得更强健，货币联盟的问题仍在，问题在于各国竞争力的鸿沟，解决方案并不是削弱强健经济体的竞争力，而是弱势经济体必须做艰难的决定。目前为止，关于经济数据改善的新闻"对他们来说太好了"。

"我并不认为二轨乃至三轨欧洲是错的，或不可想象的。"意大利前总理蒙蒂认为，欧洲应该逐步让这样的演变发生。28个经济体很难在世界舞台上发出统一的、举足轻重的声音。

英国和欧洲的问题仍然没有答案。在2月初的一场议会辩论中，刚访问华盛顿归来的特蕾莎·梅受到反对党领袖杰里米·科尔宾关于梅在移民问题上过于迁就特朗普政府的质询。在指出科尔宾所领导的工党没法从特朗普政府获得美国对北约（NATO）等一系列承诺后，特蕾莎·梅用一句狠话收尾："他在领导一场抗议，我在领导一个国家。"

在脱欧公投前，特蕾莎·梅是坚定的留欧派，她曾公开表示。"英国对爱尔兰出口总额高于对中国出口，对比利时出口额约两倍于对印度，对瑞典出口额接近对巴西的三倍。寄希望于通过其他市场来替代英国与欧盟的贸易是不现实的。"

是什么让特蕾莎·梅在公投后立场转变且出奇强硬,让特朗普不惜与全世界为敌也要在移民法案上战斗到底?布雷默直言,在选民极化、民粹主义情绪上升的环境下,他们借社会分裂上台,但无疑缺乏政治资本,或许唯有强势到底,他们才有安全感。"对此,我没有幻觉。"

王力为

(财新传媒记者)

美式全球化之死与属于全球人民的全球化

在经历了几十年的狂飙突进之后,全球化似乎已陷入困顿。贸易上的保护主义和政治上的民粹主义,替代自由贸易原则和全球主义成为各国的新风尚。然而,有退潮就会有涨潮。人类通过交流逐步交融的长期趋势并不会中断,人们由近及远、以达全球的历史进程将以新的方式复生。

悠久绵长的全球化历史

人是社会生物,人们通过彼此间的交流形成社会,交流使我们成为人类。作为人类通过交流趋向于组成全球社会的过程,全球化是伴随人类社会发展的漫长历程。

广义上的全球化,包括时间和空间两个维度,是指人类通过长期的交易、交往、交流活动,逐步地交融,趋向于组成全球社会的历史过程或趋势。这是一个长期趋势,一直在延续。

撇开人类祖先走出非洲、继而分布到全世界的人类学学说不谈,与有文字记载的文明史同步,人类的全球化历史至少已经有5000年之久。

早期文明星星点点地兴起于各个大陆,彼此分散,数千年间,在相隔甚远的几个地区,逐步发育出几大主要文明,包括我们今天耳熟能详的古埃及、古印度、中华文明和古希腊文明等等。由于人口分布、空间距离和交通工具的限制,世界各大文明体之间总体上处于一个空间相对分离的状态。各大文明因此形成了自身的几大特色：首先，各自发展出不同的国家形态，如希腊的城邦国家和中国大一统王朝。其次，各自有相对比较完整而又自给自足的经济体系，如地中海的商业经济体系，中国的农业经济体系。其三，产生了不同的生活、生产方式，也有不同的文化和宗教。

各大文明自成体系，却又都在不断扩展着自己的活动空间，通过战争、商贸、宗教和迁徙，将各自文化向周边扩散传播，与其他文明相互影响，相互渗透，或相互冲突。粗略地划分，自公元前500年到公元500年这一千年中，欧亚大陆几大文明的往来，从零星变得频繁。驼队马帮和船只装载着东方的丝绸、香料、宝石，西方的玻璃器皿、纺织品、金属及货币，穿梭于陆路和海上，将欧亚大陆上的几大文明连接成一条不间断的文明地带。这是人类历史上第一次大规模的全球化，过程缓慢但意义深远。这一时期也是古典文明的鼎盛时期，从东到西，各大文明体都创造了辉煌的文化。

公元5世纪前后，在内乱和草原游牧民族的袭扰下，欧亚大陆各大文明体陷入动荡，东西方的接触大幅减弱乃至停滞，全球化进程退潮。之后的一千年间，宗教和战争在不同文明的交流中扮演了更重要的角色，其代表事件就是伊斯兰教兴起传播和蒙古人横扫欧亚大陆，后者建立的庞大帝国虽然时间短暂，但是又打通了连接东西方的陆路。

在公元1500年之前，尽管各大文明体之间存在着一定程度的相互联系，但这种联系从未达到全球体系所需的"持续互动、日益互依"的合作深度，更不具有共时性的特征。比如说汉帝国对匈奴人的打击最终传导到了西方，并加速了古罗马帝国的灭亡，但是这个联系是间接的，不是共时性的，而且是一个漫长的过程。真正意义上的全球化大飞跃，是在公元1500年之后。

全球化的果实：现代资本主义世界体系

今天为大多数人所理解和经历的全球化——一种将各大文明编织到一起的共时性的全球化，可以追溯到500年前。

公元 1500 年前后，当时的葡萄牙和西班牙人经历航海探险之后发现了美洲大陆、开辟了欧洲经印度洋到亚洲的贸易航路，从而建立了世界各主要大洲之间的海上联系。

为什么欧洲人要进行险象环生的大航海？因为与亚洲相通的陆路，被奥斯曼帝国阻断了，欧洲人需要南下，找到通往亚洲的新途径。欧洲人从全球贸易和掠夺中获得了资本原始积累的第一桶金——美洲的白银，以此为基础建立了现代资本主义的世界体系。这一体系在经济上，以优先考虑资本持续积累为特征；在政治上，则建立了以欧洲主权国家为中心的等级秩序。

通过数百年的扩张，现代资本主义体系摧毁了世界上同时平行存在的其他所有体系和秩序，覆盖了全球。[1] 由此可见，全球化不只是一个经济过程，也是权力扩张的政治过程。其核心问题在于，谁在"化"谁？在过去 500 年，显然是资本主义的体制在"化"世界。因此，这一阶段的全球化，可称之为资本主义的全球化。

资本主义全球化的 500 年历史，可以根据不同的主导国家划分为不同阶段。在《漫长的二十世纪》一书中，乔万尼·阿瑞吉（Giovanni Arfighi）把资本主义世界体系的 500 年，分为四个"百年周期"。

首先是由西班牙、葡萄牙王国和意大利城邦主导的伊比利亚半岛周期。1498 年，葡萄牙和西班牙的航海家在经历了非洲海岸和大西洋的长期探险和拓殖之后，发现了通往美洲的航线，继而开辟了沿好望角东去印度洋到亚洲的贸易航路，使原本处于不同大陆上的世界各经济体超越了海洋的阻隔，形成了全球性的经济网络。当时主要的经济活动围绕着一个全球大三角运行：欧洲人把非洲的奴隶运往美洲，再把美洲白银运往欧洲和亚洲，以换取亚洲商品再运回欧洲。欧洲人从中实现了资本的原始积累，并建立了基于殖民开发的资本主义世界体系。这场由西班牙、葡萄牙王国和意大利城邦的资本支持的扩张，最大的特点就是开启了资本主义生产方式。在以往的生产和交易方式中，资本的投资和扩张方式无法带动整个经济体系，而欧洲人第一次做到了这一点。因此，欧洲的基督教世界获得了可以和伊斯兰世界和中国、印度等富裕的亚洲国家平起平坐的地位，逐渐使欧洲从世界边缘地带变成了世界的中心。

荷兰原本附属于西班牙王国的联合省，在 1848 年《威斯特伐利亚条约》签订之后独立，并迅速成长为资本主义体系新周期的主导力量。荷兰人从葡萄牙人手中夺取了亚欧贸易的垄断权，又摆脱了西班牙主导的哈布斯堡王朝的政治统治获得了独立，荷兰成了世界资本主义商业体系周期的领路人。荷兰周期的意义在于，它创造了商业资本主义的全球化模式。荷兰不像以前的伊比利亚人主要靠暴力掠夺的方式积累资本，而是通过商业的方式来积累资本。为此，荷兰人建立了当时世界上最庞大的运输船队，建立了银行、证券交易所、股份公司，建立了议会和共和国，也建立了欧洲的主权民族国家体系。

英国是荷兰最好的学生，也是最出色的对手。英法七年战争之后，英国获得了法国在海外的大量殖民地，逐步变成了一个世界性的帝国，成为资本主义世界体系第三个百年周期的主导国家。英国周期被称为"漫长的十九世纪"，它的特点是将海洋军事霸权与商业扩张结合到一起，并建立了一个以相对自治的方式进行间接管理的庞大殖民地。靠着工业革命和其构建的全球市场体系，英国成了工业资本主义周期的主导者。

美国曾经是欧洲的殖民地，在获得独立后美国借鉴了欧洲资本主义的制度，又结合美洲的实际条件进行了体制再造，终于凭借着庞大的军事力量、石油能源革命和美元货币体系，以及在关键时刻介入世界战争，赢得了对欧洲政治、经济和军事的支配地位，成为资本主义体系新时代的全球霸主。美国是一个洲际型大国，拥有极佳的地缘政治条件，一边是大西洋，一边是太平洋，是跨大西洋的核心，承接了欧洲的财富和技术，在太平洋这边又拓展了空间，这使得美国在地缘上非常安全，其他国家对其难以构成威胁，而它可以去越洋干预别人。二战后美国真正成为世界的制造业中心，在战争结束时，美国占据了世界工业制造的 2/3 的份额，而欧洲在战后只能靠"马歇尔计划"提供的援助进行重建。美国依靠军事胜利和经济实力建立起包括关贸总协定

（GATT）、世界银行、IMF和联合国等一整套的全球制度体系，把力量转化为制度与秩序，开始全面主导全球化的历史进程。

资本主义全球化的周期律

观察过去500年世界资本主义体系发展进程的历史，人们不难发现，世界体系中的每一个周期的延续时间大致都在一百多年。每一个周期，都会经历一段从萌芽、壮大到衰落的过程；每一个周期的主导国家，都会因自身的固有缺陷而爆发整体性的危机。危机的结果，是原有周期的主导国家被更有效率、更强有力的新生力量所替代。此时，资本主义全球化又进入到一个新的周期。费尔南·布罗代尔（Fernand Braudel）和阿瑞吉等人把这种反复出现的现象，称为资本主义体系演进变化的"周期律"。

值得关注的是，在每个全球化的周期中，新的主导国家都会经历相似却各有特色的几个发展阶段。如果把每个百年周期缩短为一年，那么，每个主导国家的兴衰都会经历类似的春夏秋冬。主导国家的赢缩与全球化的周期之间，存在着内在的关联。

每个周期都兴起于"实业的春天"。在实业扩张的初始阶段，资本只要进入实业领域就可以获取高额利润；主导型国家往往是为世界提供大量物美价廉商品的世界工厂。随后是"产业的夏季"，强大的制造能力给他们带来了巨额财富，也为他们提供了强大的武装实力。因此，他们在竞争或战争中都是所向披靡。随着实业发展，资本大量涌入，产业利润率开始下降，此时就会爆发产业或商业危机。为降低投资风险和增加新的利润点，资本开始减少对实业投资而更多转向金融领域。在资本寻求利润最大化本能的驱动下，越来越多的资本涌入金融领域。这将迎来"金融的秋天"。当主导国家进入可以运用金融手段进行直接赢利并成为其主要赢利方式的阶段，实业生产便会转移、萎缩，而金融资本不断膨胀扩张，导致投资泡沫越来越大，一旦超出实体经济所能承载的极限，一场导致体系重构的周期性大危机就会爆发。[2] 这就是"危机的冬季"。

在伊比利亚－热那亚体系周期，对"大航海"的投入给西班牙带来大量的美洲财富，也促使其走上了金融扩张的道路。为了获得更高的收益，西班牙王室的巨额资金流向了尼德兰地区的金融中心，这助长了荷兰的独立意愿，也增强了荷兰的力量。主导了下一个周期的荷兰，拥有第一个"现代"农业经济和发达的捕捞业、毛纺业、制瓷业、造船业，荷兰人建立的金融市场为建造大量的船舶、港口、都市和四通八达的运河体系而融资，也催生了金融泡沫。到18世纪初，荷兰的主要收益来自资本的放贷，其中包括向竞争对手英国的放贷。曾经从属于荷兰体系的英国，在荷兰资本的帮助下，通过战争和贸易两手逐步控制了大西洋贸易，伦敦超越阿姆斯特丹成为世界的贸易中心和新的金融中心，而英国实现超越的真正动力来自新的实业之路——工业革命。到1815年赢得对拿破仑战争的胜利后，英国已经成为全球体系新周期的引领者。然而，从19世纪70年代起，英国已经把50%的储蓄投向了海外，这标志着英国进入了以金融收益为主的食利阶段。1900年的布尔战争让远在纽约的金融市场成为英国的债主，而其后爆发的第一次世界大战则将大英帝国从顶峰上拽落。全球资本主义体系开始进入美国主导的周期。

美式全球化的兴起与终结

美国实业的发展一开始就受到政府的鼓励和保护，联邦和州政府直接或鼓励私人企业对运河、铁路等基础项目大量投入。1816年美国国会制订了保护性关税政策——用30%的进口关税保护美国制造业免受欧洲国家的冲击。适宜制造业成长的环境，吸引了大量资本；资本与原材料的充盈加上劳动力的短缺，形成美国式工业体系的特征：利用机械和挥霍资源，催生了从惠特尼式到福特式的流水装备线，强调标准化设计、结构简单、零部件互换、适应大规模生产成为"美国制造"的风格。

1894年美国工业产值成为世界第一；1913年美国生产了世界36%的制成品，石油产量占世界的一半，美国的工业产出与整个欧洲相当，工业生产率是西欧的 2 倍，[3]铁路网达到 35 万英里。[4]卡内基、洛克菲勒等美国传奇富翁的巨大财富来自工业，而不是商业和房地产。[5]

第一次世界大战爆发，重创欧洲，而美国则成为"世界的兵工厂"，为欧洲提供不可或缺的产品。第二次世界大战彻底摧毁了欧洲的工业基础，美国真正成为世界的制造业中心，在战争结束时美国占据了世界工业制造 2/3 的份额，[6]而欧洲在战后只能靠"马歇尔计划"提供的援助进行重建。1950 年美国的 GDP 占世界总量的 27.3%，人均产值是世界平均值的 4 倍多。[7]

二战之后，美国依靠军事胜利和经济实力建立起包括关贸组织、布雷顿森林体系、世界银行、国际货币基金组织和联合国等一整套的全球制度体系，把力量转化为制度，开始全面主导全球化的历史进程。20 世纪 50 年代到 70 年代，是美国周期实业阶段的鼎盛期。

在实业资本主义主导的历史阶段，金融活动主要是为工业、贸易和服务业提供资金。金融嵌入在产业网络中，从属于实物生产经济部门。在制造业利润率不断下降的情况下，投资实业已经越来越失去吸引力；而在国家信用可以透支的制度下，通过生产实现赢利就更是一种低效率的笨办法。选择金融创新——通过资本运作直接而快速的获利，才是美国资本趋之若鹜的新经济模式。

20 世纪 70 年代以后，随着欧洲和日本的快速发展，美国制造业的利润率在快速下滑，这迫使庞大的美国资本不再热衷投资制造业，开始转向金融和信息技术领域。据 1966 年的美国经济统计，货币交易中与生产流通有关的货币交易占到 80%，无关的占 20%。到 1976 年，美国货币交易中与生产流通有关的货币交易量下降到 20%，无关的则上升到 80%。从 20 世纪 80 年代起，美国制造业开始大规模向海外转移，以金融为核心的服务业则狂飙突进，创造出大量的信用和衍生金融产品，导致国家产业结构和利润来源发生了根本性改变。2015 年统计的美国制造业占 GDP 的 9.8%，全国从事实业的人口不到 20%，80% 以上的财富来自服务业，其中很大部分来自金融类收入。金融化不仅导致了实物经济与金融经济在数量上的此消彼长，改变了社会总体结构,而且也体现了食利者阶层势力扩张导致社会财富分配的变化。美国变成了金融立国的国家,进入了虚拟资本主义的发展阶段。

与资本主义世界体系以往周期的主导国家不同,美国体系周期的金融化程度更高、范围更广,金融全球化是美式全球化体系进入"金融秋天"的重要特征。随着美国经济的日益金融化,金融主导实业成为世界经济发展新趋势。从1969年到2000年,全世界基础货币呈指数形态增长,以美元为主的国际储备资产上升了2000%。信用货币的快速膨胀,推动着资本的全球扩张和跨国公司的全球投资,从有数据的1975年开始到2004年,国际资本流动增加了8倍,随之出现了以产业大转移为特征的新一轮全球化浪潮,催生了一批被称为"小龙""小虎"的新兴国家和地区,连中国、印度这样长期在经济上自成一体的大国也实施开放政策,积极吸引外资,鼓励出口,逐步融入全球产业链。金融化成为一种全球性的趋势——金融强国实际上充当着全球食利者的角色,以强势地位和纯熟使用的金融工具去攫取制造业国家的财富和支配资源类国家。国际资本极力压低实物生产价值,又极力抬高金融收益,从事实业生产的国家和企业受到来自金融资本和金融化的大宗商品市场的双重挤压,利润空间越收越窄,结果是投入实业的资本越来越少,而金融投机的资本越来越多。最终,世界充斥着金融产品和越来越膨胀的金融泡沫。当世人都在攫取金融投机的果实时,美国的次贷危机于2007年底爆发了。危机从美国体系的中心地区向全球扩散,无论是欧洲、日本这些资本主义体系的主要经济体,还是半边缘地带的新兴国家,包括西亚、非洲和拉丁美洲等依附性国家,都受到了危机的冲击。

如今,危机爆发已近10年,尚看不到结束的希望。这说明,原本美国主导创建并维护着一种最高效的资本增值体系和社会模式已经趋于瓦解。在2016年的美国大选中,由于美国国内的阶层分裂、社会分裂日趋严重,人们开始质疑甚至反对全球化,"美国第一"的特朗普主义大行其道,民粹主义、保守主义、孤立主义的呼声上升,人们普遍认识到,以往由美国主导的全球化正在走向尾声。

区域共同体：全球化的新开端

目前，美式全球化体系已经进入其生命结构衰变和机能老化的退变期。2008年爆发的危机，就是一场美国周期的大危机，它将导致美式全球化体系的终结。随着美式体系的衰落，各国及各地区在经济、政治与安全事务中，更多的依赖自身和区域合作，而不是依赖全球合作，全球化将进入一个退潮期。从大航海起步，最后覆盖着星条旗的资本主义全球化已难以延续；而由趋向合作的共同体组成联合体，形成更加公平、更多合作的全球化新体系正在人类共同发展的愿景和行动中重生。

不论是回顾历史还是分析现实，人们都会发现，那种盼望走单一路径、通过单一因素的改变，无论是新技术革命、新市场开拓、新制度创建或是通过一场战争就让世界摆脱体系大危机的念头，都是不切实际的幻想。战争、技术创新、新市场的开拓、新制度的建立，都意味着利益的重新分配以及残酷的斗争，需要一个较长的时段来演化，并且需要组合起来发挥作用。因此，逆全球化或者说全球化的调整期，将是未来一个时段我们必须面对的现实。接下来可能出现的调整期是区域化整合，为下一轮全球化奠基。

从20世纪中后期以来，欧洲、东亚、北美逐步发展出了三大经济圈的雏形。每个经济圈内部具有相对完整的产业结构、初步形成了更为紧密的产业链和价值链，有更多的内部贸易和相互投资，同时具有较高的政治认同，尝试建立共同的安全框架。在世界经济景气周期，这种区域化的趋势还不占有主导地位。全球危机爆发后，全球贸易环境恶化，增长幅度降低，世界经济活动减少。美国开始违背自由贸易原则，策划更有利于自己的经济小圈子。这导致欧洲和中国、俄罗斯等新兴国家开始加强内部合作，积极推进区域化的经济战略。

以中国提出的"一带一路"愿景和建设命运共同体的设想为标志，越来越多的国家根据地理环境和发展程度开始紧密合作，推进区域化的合作进程。从表面上看起来，这是对全球化趋势的背离，而实质上，这是新型全球化的开端。

以往全球化的主体，是主权民族国家；主要受益者是最早进入资本主义世界体系的发达国家，核心是资本主义体系周期的主导国家。资本主义的全球化本质上是属于少数精英的全球化，是西班牙国王和意大利城邦资本家的全球化，是荷兰、英国资本家和少数政治精英的全球化，是美国产业资本家和华尔街精英的全球化。必须在全球治理问题上，团结和争取大多数，去探索新架构、新共识。这种由一国中少数人主导的全球化，往往导致少数人的私利及一国主权与全球公共利益的矛盾与冲突。这是传统全球化不断陷入争端与战争的重要原因。以往和今天人们不得不面对的现实是，全球化进程缺少全球经济制度和政治秩序的设计。

未来的新型全球化，本质上是属于全球人民的全球化，是资本主义边缘地带国家也能够平等加入的全球化。为了推进新型全球化，需要协调各国利益，推动全球旧秩序的改造。过去，我们只看到强力在建立国际秩序上的作用。现在，像G20这样的活动表明，仪式化的行动、习俗，也可以在建立新秩序上起到作用，更好地说清楚秩序的内在道理，发掘共识，进一步建立互信，形成一种新全球化习俗。

在传统全球化框架之下，许多边缘地带的国家难以独立完成国家现代化的目标，需要通过区域合作提升在全球舞台上的地位。这决定了新一轮的全球化进程，需要通过多极化、多元化、多中心的过渡，先度过一个区域化调整期，然后才能进入"以全球为全球、以天下为天下"的新全球化。

王湘穗

（北京航空航天大学教授、战略问题研究中心主任）

注释：

[1] 伊曼纽尔·沃勒斯坦：《现代世界体系》第一卷，罗荣渠译，高等教育出版社1998年版，中文版序第1页。

[2] 乔万尼·阿里吉：《亚当·斯密在北京——21世纪的谱系》，路爱国、黄平、许安结译，代序，社会科学文献出版社2009年版，第11页。

[3] 乔纳森·休斯、路易斯·P.凯恩：《美国经济史》（第7版），邱晓燕、邢露译，北京大学出版社2011年版，第221、169、272、219、271页。

[4] 到1930年，美国铁路网总里程达到43万英里。见《美国经济史》（第7版），北京大学出版社2011年版，第167页。

[5] 斯坦利·布德尔：《变化中的资本主义》，郭军译，中信出版社2013年版，第68、72、110页。

[6] 比伦特·格卡伊、瓦西里斯·福斯卡斯：《美国的衰落》，贾海译，新华出版社2013年版，第42页。

[7] 安格斯·麦迪森：《世界经济千年史》，伍晓鹰等译，北京大学出版社2003年版，第261、262页。

本文原载《文化纵横》2016年12月刊，原题为：《美式全球化体系的衰变与前景》。

特朗普时代的中美关系

朱　民：我想问的第一个问题，您认为特朗普会有什么样的政策出台？

亨利·保尔森：这个问题不好回答。现在的情形有所改善，我们都松了一口气。两国领导人现在在安排首次领导人峰会。特朗普已经会晤了几个国家的领导人。但是，我觉得他跟习主席的会见是最重要的。因为那将会产生深远的影响，影响到两个国家，也会影响到我们在世界上的作为。中美关系是最重要的双边关系。

当然，我们面临很多棘手的问题，也有很多重大的分歧。但是，我们依然有很多的共同点，希望能够保持双边关系的稳定发展。首先，两位领导人有很好的私交对两国关系的平衡发展也很重要。美国国务卿蒂勒森已经到访中国，他非常有能力，也了解美中关系的复杂背景，他之前就在全球开展商务活动，希望他能做好国务卿的工作。

再来看一下特朗普时代的中美关系怎么发展呢？有很多因素会发生作用，现在我们也不知道未来会怎么样。但是，我们看到有很多不确定性。首先是经济层面的双边关系，中美的经济关系是两国关系最坚定的压舱石，还有贸易和投资。我经常跟人们说好消息是中美双边贸易达到6000多亿美元。现在我们需要重新审视这个庞大的经贸关系，美国新政府想要采取措施来实现双方经济关系的再平衡。

大家会关注反倾销、过剩产能，包括采用传统、非传统的制裁手段等等。但是，还是有很多机会让我们能够进一步地关注经济开放和扩大进出口。投资领域有很多机会。当然，最简单的就是在中国进行绿地投资，反过来也可以在美国产生就业机会，我们需要给中资企业提供更多在美投资的机会。因为现在中国日益融入全球供应链，这也给中国提供了很多对外投资的机会。对于中国企业来说，完全有机会并购美国的中小企业，从而取得市场准入。此外，大家还会关注知识产权保护，比如减少网络侵权行为。

说到一些不利的条件，我们也看到很多情况。在外交、安全层面的问题要棘手得多。大家非常关注南海问题、朝鲜半岛问题，现在后者这个问题显得尤为紧迫和棘手，超过几年前的水平，朝鲜的核能力逐渐提升，会逐渐具有对美国进行核打击的能力，大家的关注度也因此越来越高。

总的来说，这是重新启动和审视中美关系的机会。中美关系与两三年前相比，更加困难、更加复杂，也更加重要。我们面临重大的挑战，但也要看到背后巨大的机遇，需要我们富有技巧地开展工作，处理中美关系。

朱　民：您提到了很重要的一点，就是重新设置中美关系，请您展开一下。您对贸易谈判的前景怎么看？特朗普不喜欢多边主义，他喜欢双边主义，他跟日本谈自贸协定，您认为中美会谈双边的自贸协定吗？

亨利·保尔森：这么说，我认为两国都从现在6000亿美元的经贸关系中获益。但是我们知道美国的贸易赤字在扩大，美国也有很强烈的民意认为中美贸易关系是失衡的。说到我们谈判的目标，中国跟十年前相比已经有很大的进步。当然，还需要进一步开放。所以，我觉得比较好的做法是逐个部门地谈判来实现开放。"重新设置"美中关系这个词可以说得温和一点，可以说是"重新调整"，包括在贸易方面跟中国进行谈判。此外，还有很多事项需要我们关注。比如，减少监管壁垒、扩大市场准入、增加中国对美投资、增加本地就业机会。对于双边投资协定（BIT），我不知道各个部委是怎么看的。但是，我相信中国开放，进一步地引入竞争发展经济，对中国有利，对美国有利，对世界有利。

投资的联结比贸易联结更强劲，因为投资联结更长久。所以我的观点是，既可以把它看作一个问题，也可以把它看作一个机会。我的想法就是对中美经济关系进行重新审视，如果这个关系没有办法端正，虽然我们双方有长期的关系，但在外交政策、安全应对方面还是会继续存在矛盾。我觉得特朗普强调更多的是加大对华出口，限制一些进口。

朱　民：当然，有些贸易问题是没办法回避的，像货币汇率的问题。特朗普在竞选过程中多次提到汇率的问题，他对这个问题的表态，您觉得有多严肃？

亨利·保尔森：我一直给美国政府做建言献策的工作。中国的汇率现在是升值了，没有操纵的证据。国际货币基金组织这样的机构也是认同的。当然，我们也有这样的预期，他会关注不同的事情，像产能过剩、钢铁等行业。

有关汇率问题的讨论，基本上会结合资本管制来讨论，以及考虑人民币的国际化进程。中国的人民币还是在比较正确的位置上，过去多年都在进步和改革。当然，中国离完全由市场决定的货币以及完全自由波动的、完全开放的资本账户还是有一定的距离，还需要更开放的货币体系。但是，我觉得目前这个方向是对的。对中国的经济改革来说，中国如果能够有一个成为储备货币的、能够发出价格信号的货币，将是非常有利的。同时，也给货币当局提供一个应对通胀的工具，这都是有利的。我会鼓励中国朝着这样的改革方向继续迈进。每个人都希望人民币汇率能够稳定，或者是温和的升值。这是我们的判断。

朱　民：您刚刚讲到了继续改革、继续开放，我们再讲讲特朗普政府的对华政策。您在工作中见过很多中国的领导人，可以说是真正的中国专家。如果见到中国的领导人，您会给他们提供哪些建议，让他们更好地处理和特朗普的关系呢？

亨利·保尔森：这是非常有意思的问题。从中国的角度来讲，特朗普政府、特朗普总统，让我们大吃一惊。比如，他内阁选人的决定。他的内阁中有一些非常能干的人，我也有幸跟其中某些人共事过，而且很紧密并肩战斗过。当然，也有一些问题，他们不太了解中美关系的复杂性，这是第一点。

第二点，我们需要认识到，特朗普总统的其他经验都有，但是完全没有做职业政治家的经验,他是非常反常规的。他也没有任何利益集团的牵绊,他不走传统路线,而且他以此为傲。选民选他入宫就是因为有这样的预期。所以,我们要思考这样的现实。

再看中国,中国不喜欢不可预见和不确定,中国喜欢可预见。过去的美国政府,不管是哪一个党,基本上都是两党的合作。但是,这一次可能有一些不同。

另外,我们也需要了解大背景。现在的大背景跟我当时所在的政府完全不一样,现在的美国人民很不开心,他们真的认为这种经济关系和贸易关系是不平等的。特朗普一方面反映了人民的情绪,另一方面也在推动这种情绪。

回过来讲三个建议:

第一,要寻找积极的动能,找到一些有共同利益的领域,找到一些能够获得早期收获的机会,树立一些信心是有利的。

第二,我记得习主席曾经跟我讲过需要跳出框框来思维。我相信现在这种思维更加重要,更加必要了。我相信习主席跟特朗普总统都愿意用非常规的手段和工具来实现双方的目标。比如,习主席讲到的和做到的事情,可能没有人完全想得到,也不是完全按照常规的套路。这也会带来大的风险,但也可能带来一些突破,像朝鲜的问题,也可能有很好的解决。

第三,就是刚才说的,我们需要重新审视双方的经济关系。我想强调的一点是,我不觉得在过去10年里看到了开放不利的证据,对中国、对其他国家都是有利的。我们希望通过加大美国对华的出口,在美国创造更多的就业机会,这对双方都有利。

朱　民:您也讲到两位首脑将于2017年初在美国见面,这也是一个利好。如果您想跟两位首脑建议,您想提哪些事项?

亨利·保尔森:我会考虑这样的事情——准备,准备,准备。如果希望两国首脑的会晤取得成功,之前一定要有一系列的准备。他们肯定会谈朝鲜、中国南海、中国和美国关系的重新平衡。我觉得问题是比较明朗的。问题是在讨论的时候想获得什么样的成果。你没办法在一个会上把这些问题全部解决掉，我们应该首先关注怎么解决短期问题。

对我来讲，可能需要尽快打出一张牌，获得一些能够达成的收益。在短期、近期解决掉一些问题。在这个基础上，我们也需要建立一个机制，管理我们的关系，保证关系的平衡。我自己是比较乐观的，我也非常坚定地向政府建言，他们需要保持经济与战略对话，这是一个很好的机制，能够把问题解决好。中美这样的国家，如果想把问题解决好，在中国这边需要多个部委、多个人员的协调，需要在高层有一些动作，否则可能会有一些意外。

我们还有并行的机制，如中美商贸联委会（JCCT）的中美贸易对话，关注重要的战略性问题。我希望可以看到这样的发展方向，有单独的、突出的战略对话机制。然后再建立一些机制来解决其他的问题。这个事情做起来需要很长时间，但需要及早筹备。

刚才提到要关注早期成果，我不在政府，说起来很轻松。实际上从政府的角度来看，没有什么早期成果，所有事情都需要花大力气才能取得成果，所有事情在政治层面会有很高的难度。从我的角度来看，最容易收获的成果是吸引中国对美国的投资，创造就业。保尔森基金会在这方面做了很多工作，我们相信双边投资非常重要，我们做了一些个案分析，中国对美投资的成功案例，以及失败的案例。现在中国劳动力成本上升，能源价格、交通成本也都在变化，很多因素导致中国企业认为在美国本地生产的效率更高，很多行业都有这样的共同发现。所以在这方面可以有所作为，在这方面开展对话可以取得早期成果。

我觉得还可以取得早期成果的领域是环境。在环保领域，我也是保持乐观的，我认为这个杯子是半满的。中国做了大量的投资，美国也可以向中国出口大量的服务和设备，这跟贸易相关。

朱　民：您多次提到中国对美投资，过去几年，中国对美国的投资也受到很多限制，这个情况怎么应对？

亨利·保尔森：这个问题很重要。刚刚说到投资很重要，而且双方都能从中获益。实际上，对美国投资本身就是对美国的肯定。虽然过去有一些非常高调的投资项目最后被否决了，但总的来说，投资的动力是很强的，有很多绿地投资，还有其他的创投。如果你在地方层面跟美国的市长、州长沟通，可以得到大力的支持。因为中国的投资可以帮助当地促进投资、改善就业。

但是，华盛顿的视角不一样。有两点值得我们考量。第一点就是关于国家安全的审查，这个流程非常复杂。每一个国家都希望保护自己的国家利益。所以，双方在这一领域都要谨慎地开展工作。中国要避免对敏感行业进行投资，而美国也应该做出更多的努力，来澄清自己的国家安全政策和考虑。这个话题很敏感。

另外还有一点，我个人认为也是非常可以理解的，但是也让人感到非常为难，就是所谓的对等关系。现在我们越来越多地听到，如果美国不能对华投资的话，为什么我们允许中国对美国投资呢？因为美国对华投资在资本等很多方面受到限制。我们以前听说中国国内的企业没有竞争力，现在中国企业的竞争力提升了，竞争的加剧其实是有利于企业发展的，也有利于整个经济。在美国，当我们采取保护主义措施的时候，企业的竞争力被削弱了，要用很长时间才能恢复。美国国会现在有几个法案在强调对等性原则。我觉得这样的趋势很危险，它会摧毁我们的经济中最开放、最有活力的一部分。而如果中国闭关锁国、把好的投资拒之门外，对我们来说也是不利的。但是现在美国的反投资、反贸易的民意很强。我们要看具体的部门，有些部门是可以先期开放的。在进行战略性对话的时候，我就提到市场开放可以使我们获益，但并不是每个国民都可以从中获益的。反过来，我们希望中国可以更多地开放，从而使得相关各方都能够获益。

我觉得退出 TPP 是美国犯的一个严重的错误。当然，中国现在是可以参与其中。对于中国、美国和世界而言，这也是有利的。中国加入 TPP 就意味着要提高自身的贸易标准。TPP 不仅涉及贸易和关税，而且还涉及如何消除非关税壁垒、促进竞争，这是非常高标准的协定。所以，中国加入其中对各方都是有益的。回到双边投资协定的问题，双边投资协定跟TPP的有些内容是相关的。所以，中国加入TPP也可以推动BIT的谈判进程。

朱　民：6000亿的美中贸易量是很好的，现在的逆差达到了2000亿美元，您觉得特朗普会为此制定一个时间表来消除逆差吗？

亨利·保尔森：有一位经济学家对此进行了表述，但是并不准确。他的数据显示进口不利于美国经济，不利于美国的增长。像美国这样的国家，现在是储蓄率低，借债率非常高。这样会扩大贸易赤字。在我看来，我们应该关注的是如何加强贸易规则的执行，使得整个贸易体系保持健康，这样可以扩大出口。同时，也要考虑到全球化的影响。

我觉得贸易的形象被很多人扭曲了，我们应该多做工作去澄清。麦肯锡的研究显示在美国制造业岗位的流失中有80%是因为贸易造成的。现在的情况并非这样，工厂里的工人越来越少，而机器人越来越多。贸易当然会带来颠覆性的影响，但大部分的影响并不是来自贸易本身。在二战以后，通过开放贸易，美国受益良多。彼得森国际经济研究院的研究显示居民的财富平均增长了1万美元，这得益于贸易。有人失业了，我们要找到原因，也许是因为自动化，也许是因为竞争加剧。对于这样的人，我们要建立好社会安全网。让我最担心的是在总统大选之后表现出的强烈民意，民众对贸易并不了解，大家都把全球化描绘成非常不利于美国的事物。其实贸易是可以让各方都受益的。现在应该采取措施让贸易更加均衡。

美国应该在税收领域做一些事情，做一些调整，美国对企业有非常不好的税制。边境调节税如果能够成功，美元必须升值。消费和零售企业都在考虑如果美元上升25%，会怎样？如果美元升值，对美国之外的投资会有怎样的影响？有变化就需要比较痛苦的调整。我不觉得美国的这届政府会推动这样一个比较激进的措施。

我一直讲在美国创造投资和就业，刚刚没有提到基建。我觉得基建领域是有一些机会的。为什么我没有提基建呢？不是因为我忘了，是因为这比人们想得困难得多。大家都会说中国很会做基建，美国需要基建，中国在世界各地都有投资，为什么不让中国人进来呢？但美国也有很多的民营资本，他们也想找一些投资机会，因为现在的利率很低。但是，私营部门的钱没有投资在基建领域，主要是因为政治风险、开工的延迟，有各种各样的不确定性。这些项目要么不成形，要么谈判起来非常费劲，比其他国家的进度慢，这些问题需要先解决掉。有一些基建在美国是没办法接触的，有些类型的项目没办法接受外资。曾经有一家澳大利亚的企业拥有一条收费公路，就产生了很多的政治问题。

还会不会有一些投资美国基建的机会？我想还是有的，但我不觉得美国人会欢迎中国工人、中国设备、中国的专有知识完全打开进来。中国肯定也不想投一个不赚钱的生意。但是，不要把我这句话做字面理解，说我不鼓励。

在多边主义这个方面，我没有什么洞见。我坚信多边主义的争端解决机制是非常有效的，能够化解贸易矛盾，通过贸易仲裁可以解决一些问题。我非常赞赏世贸组织的工作。当然，它不是尽善尽美。

讲到TPP，有一些华盛顿的同僚是我非常尊重的，他们是支持TPP的。但是，BIT一定要一气呵成，才是对的，才是好的。特朗普政府也希望按照这样的思路去执行。当然，我一定会把这样的观点表达出去，我完全不会害羞。对于投资来讲，没有双边的投资协定是不对的，不妥的。举个例子，即使有双边的投资协定，但世界上最好的机构没办法进入中国的资本市场，像贝莱德、大摩这样的公司为什么不能独资？还有汽车企业，为什么一定要在中国国内建合资企业？对中国来讲，这是伤害它的利益的，对公众也是没有好处的。对中国和美国来讲，进一步的改革是对的。BIT有很多的好处，我也希望成为这届政府的工作重点。

朱　民：您在加入政府之后，高盛也输送了很多人才到美国政府去工作。您当时在高盛是他们的老板，现在这些人在政府里还会听您的话吗？

亨利·保尔森：为什么高盛的人才也能在政府取得成功？因为我们有一种习惯。我当时在管高盛的时候，当然没办法施加号令。我是一个小的合伙人，必须说服他们，有时候甚至要乞求他们答应我做一些对公司有利的事情。如果他们去政府工作，他们知道总统是他的老板，国会是他的客户，而我会以一种非常谦逊的态度去跟他们共事。

朱民

（清华大学国家金融研究院院长，IMF 前副总裁）

亨利·保尔森

（保尔森基金会主席、美国前财政部长）

全球化4.0：中国如何重回世界之巅

改革开放三十多年来，中国经济的快速发展主要得益于工业化、市场化和全球化——工业化带动人口转移和城市化，城市化使得要素集聚，在新产业中进行更具规模效应与效率的生产，市场化的价格机制使得要素配置效率提升。而更重要的是，全球化拓展了中国经济的供需边界，在打通技术、资源与资本的获取途径的同时，也对接了外部的巨大市场，使得中国得以全面参与并受益于全球分工的价值链。

新平庸：再平衡低增长

以八年前的2008年全球金融危机为标志，我们已经送别了那个超凡增长的黄金时代。眼下全球化体系正处于裂变的关键期，对中国这一代表性的新兴大国而言，这无疑是重要的机遇窗口。自我们上一本专著《危机三部曲：全球经济、金融、地缘政治大图景》出版以来只经过了三年多，但全球化趋势演变却已足够精彩。一方面，我们对老框架的展望与预测效果还算满意；另一方面，值得研究的领域和热点问题也层出不穷。

例如在经济方面，美国的制造业回流与能源独立使得其需求逐渐"内卷化"；全球贸易失衡虽有缓解但增长却长期萎靡，进入所谓"新平庸"状态；WTO多哈回合事实上已经死亡，但形形色色的区域合作（TTP、TTIP、RECP）却在分割式地蓬勃发展。在金融方面，美、日和欧盟不约而同地选择了量化宽松，但在 2016 年可能会分化严重；而中国在争取 IMF 更多话语权的同时，也开始打造平行的小"三驾马车"（金砖银行等）。在地缘政治方面，中东局势越发混乱，伊斯兰国家恐怖主义不断，俄罗斯也日益激进；而中国开始积极推行"一带一路"倡议，并渐次进入地缘热点区域。如何以更广阔的视角、更扎实的框架分析当下宏观经济形势并制定可行的投资策略，成为我们工作中绕不开的任务。如何系统地理解这些问题，把对这些问题的理解和研究成果，以更好的方式呈现给读者，也一直困扰着我们。

显然框架和逻辑的重要性更胜于观点本身。受 8 年前的全球金融危机影响，我们曾以三次贸易失衡、不同本位国际货币体系演进为主线，以全球化资源国、消费国、生产国三元分工为框架，将主要国别与区域的研究拼图整合在一起，进而从开放宏观经济分析框架的顶层设计高度，我们能够识别出存在着的三个最重要的宏观金融经济周期：分别是全球化周期（又包含国际收支周期和国际投资及货币周期）、国家资产负债表周期和总需求周期。三者间既有不同的时间跨度和不同的分析对象，又密切联系，它们的叠加往往会形成最为强大的驱动力和影响因子。

所谓全球化周期是指各经济体之间的商品流和资金流，它基本是流量分析（投资是存量），跨多个经济体，并可能是全球金融市场（大类资产）最重要的定价基准；国家资产负债表周期是分析经济体及不同经济部门之间的资产配置与杠杆率变化及其可持续性的存量框架，它与债务资产的相对估值和利率长期趋势关系密切；总需求周期可能是最短的周期，它是与财政政策、货币政策最为密切相关的宏观变量，毫无疑问几个排行前列的超大型经济体（美国、欧盟和中日）的国家资产负债表周期和总需求周期存在着巨大的外溢效应，这种外溢效应正是通过全球化周期来连锁反应和相互激荡的。

例如全球化周期国际收支中的经常项目盈余，对应着国家资产负债表的外部净收入的周期性改善和超额储蓄的上升。如果总需求短周期处于上升的阶段，这可能是源于积极的财政货币政策，而国际收支中经常项目盈余又开始下降，那么需求形成的资金来源必然主要是通过负债或者杠杆的上升，而杠杆上升会导致国家资产负债表的不可持续性和全球化周期中资金流向的多变性，一旦逼近临界点则金融危机可能就在眼前——但这些都只不过是全球化这个最宏大的图景中的一个断章。准确地说，是美国主导的全球化 3.0 的高度发展及其主要矛盾爆发的一段历史记录。这几年来，我们发现在前期的研究中，略显欠缺的可能是对全球化大趋势的系统性理解。正所谓"不谋万世者，不足谋一时；不谋全局者，不足谋一域"，因此本书选取"全球化 4.0"为标题，我们尝试跳出国别与区域研究，以更广阔的视角，更具系统性和历史感的框架进行深入探讨。

全球化：从 1.0 到 3.5

自从 1492 年美洲地理大发现后，全球主要经济活动区域就被逐渐联系在一起并不断加强，由此全球化便开始了。就像我们日常使用的电脑，全球化的平稳运行依赖于硬件与软件两个维度的协调。全球化的表象是贸易、投资、货币、信息、技术、人员等"要素"的跨境流动，以及由此带来的各经济体对外依存度与受外制约度的不断提升。从经济的角度理解，全球化的实质是生产要素的全球优化配置与市场开放的不断发展——这是硬件。而我们划分的全球化 1.0 至 4.0 依据的是全球化发展过程中的制度与规则（包括官方的与非官方的，权威的与约定俗成的）等——这是软件，解决的是全球化过程中如何做大蛋糕以及怎么切蛋糕的问题。优秀的软件可以更好地发掘硬件的潜力，而硬件的升级意味着软件也必须调整：这听起来很像是老生常谈的生产力与生产关系故事的全球化版本，但实际内容却更复杂，也更精彩。

从大航海时代的全球化 1.0，到英国主导的全球化 2.0，再到美国主导的全球化 3.0，全球化规则的主导者可以获得更多的全球化红利，但维持这些规则也需要相应的实力。全球化规则本身就是世界各国相对综合实力的镜像，而其中最重要的就是经济实力，其次是军事实力。因此全球化体系的更迭可以看作强国相对实力变化导致的历时较长的制度周期变迁的结果。

全球化 1.0 之前，操作系统很多，威斯特伐利亚、伊斯兰哈里发、天下朝贡、印度和印第安等都是自成一家。但到了英国主导的全球化 2.0 时，就一股独大了，威斯特伐利亚民族国家和条约体系一统天下。其他系统要么被彻底删除（美洲），要么被殖民被格式化，也即西方式现代化。其实政教合一并非伊斯兰专一，君亲师一体的文明也曾经不少，甚至战斗性也未必是其独家，基督教的十字军也一直在战斗着，直到终结全球化 2.0 的世界大战。其他文明系统被迫都在寻找现代性，其越不成功者（按西方标准）可能就越动荡不安。

但就算是风靡世界的威斯特伐利亚老体系也都满身 bugs（漏洞），全球金融危机和世界战争的不断到来就是其证明；《马斯特里赫特条约》以后的欧盟似乎提供了一种新的升级思路，让渡部分国家主权以进行经济、货币和外交一体化试验，但现在却是貌合神离困难重重。当老软件不能适应硬件发展的总量或结构性需求变化时，主导者首先会对软件进行"打补丁"，并全力维护旧规则，但由于各类过渡版本的软件内核并无变化，经历时间或长或短，必然会经历全面的升级，升级的过程往往是痛苦的，但趋势无法逆转。

例如全球化 1.5 体系中虽然同时存在东方朝贡体系与西方殖民体系（还有伊斯兰哈里发、印度和印加等体系），但工业革命的爆发最终使得历史的天平倒向后者，随后全球化进入 2.0 体系，即英国主导的海洋帝国殖民时代。再如一战以后的全球化 2.5 体系中，虽然 2.0 体系中的基础金本位被复辟了，但其导致的货币战争和贸易保护却对全球经济造成了较大的负面冲击，并最终导致世界市场体系崩溃，民族主义国家再度抱团厮杀，二战过后全球化 3.0 徐徐展开。再如 8 年前的 2008 年全球金融危机，虽然这只是全球化体系演变在金融和经济两个切片领域的特殊样本，但却有重要的意义：美国和美元主导的全球化 3.0 模式具有内在缺陷，单极货币和需求驱动容易诱发全球贸易和投资不平衡，具有先天的危机基因。未来全球化 3.0 向 4.0 升级的过程虽然复杂，但趋势却难以逆转，这也就是目前全球陷于垃圾时间和胶着的 3.5 状态的原因。

真实的历史远比任何小说精彩。经济实力，特别是各主体相对经济实力的变化虽然是全球化规则变迁的主要因素，但实际催化却千差万别。对全球经济这个大蛋糕而言，增长是加法，危机是减法，技术进步是乘法，而战争冲突则是除法，每段时期的主导因素各不相同。通过工业革命获取的先发优势是英国得以主导全球化 2.0 的重要原因之一；而两次世界大战对欧洲的打击，加上冷战的铁幕，则使美式全球化得以火力全开。有意思的是，我们之前定义的"三次失衡"——即中英失衡、欧美失衡、亚美失衡，都正是全球化各阶段突变或转折的重要事件：中英失衡与鸦片战争代表着东西方主导权的交接，欧美失衡的背后是全球化从 2.0 向 3.0 升级的洪流，而第三次亚美失衡导致的全球金融危机则标志着传统的美式全球化的终结，这正是我们亲身见证的历史时刻。

当前上一轮全球化红利大体分配完毕，而新一轮全球化动力机制与制度框架尚未确立，虽然各方在官样文章的表述中都宣示了对完善 WTO 规则和推进新一轮多边谈判的坚持，但私下大都已经通过各种双边和多边协议另谋出路，并由此形成新一轮争夺定规立制主导权的或明或暗的角力与竞合，其结果的不确定助推了相关各方在此转型阶段特殊的焦虑和世界经济复苏形式的晦暗不明。

这个世界正经历冷战结束以来最重大的调整变革，多极化趋势全面深入推进，大国联系重构空前复杂，国际矛盾斗争暗流涌动，国际秩序重构时不我待。但全球化版图与规则重构的过程十分复杂，新旧势力的此消彼长经常带来冲突，任何一个在位者都会不遗余力地延长其统治的时间。而旧秩序的破坏与停滞往往导致系统运行碎片化，区域主义、民粹主义、极端主义抬头，甚至出现反全球化的倾向，两次世界大战就是最好的负面样本之一。让人羞于启齿的是实际上战争也是全球化的一种最为激烈的形式——几千万不同国家、种族、肤色的人们在海洋、陆地和荒漠中用各种武器和技术捉对厮杀，而现在全球化的三个断裂带——中东、欧俄边界和西太平洋正充满了地缘风险和不确定性。

全球化 4.0：中国如何重回世界之巅

近来一个网上流传的段子颇为励志——遥想一百多年前，皖籍的李鸿章中堂访英，是去欧洲购买船只、大炮和向列强借款。一百年后，同样安徽籍的李克强总理访英，则是去欧洲推销中国的高铁、核电、推进人民币跨境结算和离岸中心建设。而据传 2015 年 10 月中国国家领导人访英的成果汇报由卡梅伦 "中堂" 完成——"启禀老佛爷（英国女王），洋人要给我们修铁路……" 这两个多甲子可谓沧桑巨变，攻守易势。这 170 年（1840—2010 年），从全球化 1.0 大航海时代中国的退却，到英国主导的全球化 2.0，再杀到美国主导的全球化 3.0，再到现在进军新全球化 4.0 阶段，中国正在一步一步回到世界之巅。

古人有云 "不扫一室何以扫天下"，我们却认为 "不知世界，焉知中国"。如果有一面镜子，一面你看到的是全球化，另一面你看到的就是中国增长和发展模式，互为镜像相互影响。早在前全球化时代，中国就建立了以自己为中心的等级分明的区域秩序，并认为这就是普世价值——无论边界，无论国家，无论信仰，"普天之下莫非王土，率土之滨莫非王臣"。从中国的天子和首都发源，这种影响一直辐射到最为边远的 "蛮夷"，并认为通过灿烂的文化和繁荣的经济可以使得其他社会归化，从而实现天下大同，这种想法一直坚持到近代，然后路径和规则都发生了 "巨变"。

从全球化 1.0 时代，中国王师舰队的黯然退场和闭关锁国，到全球化 2.0 时代的 "量中华之物力，结与国之欢心" 的大分流和被边缘化，再到全球化 3.0 中国全力加入世界工厂，以极大的投入和代价进行和平的原始积累。中国于 1978 年通过改革开放开始了重归世界之旅，所取得的非凡成就很多人归功于改革，其实笔者倒是觉得开放可能更加重要一些。当然两者在精神上是共通的，改革是市场化导向，而开放则是更大范围和更高层次的市场化，那就是全球化，最高层次的市场化。某种意义上改革就是对外开放、对内放开，而这无疑是中国获取成功的必要条件。当下中国是如此接近世界舞台的中心，特色大国外交密集深入，对外关系构建纵横捭阖，全球战略思想正在推陈出新。

2015年3月，中国正式推出"一带一路"倡议，一方面这标志着中国对外战略基本态度由韬光养晦向奋发有为的积极转变；另一方面，这也是中国积极参与全球治理，力图引领区域治理的重要尝试。值得关注的是，中国反复强调的是"一带一路"的开放性和包容性，这正是在吸取旧秩序的经验和教训——全球化4.0不是要塑造一个平行的霸权结构，正好相反，它只是想改进全球化3.0中因为个别国家一股独大，"有钱任性，有权任性"导致的全球治理结构难以优化和进化的缺陷。这也是"先边缘再中心，先增量再存量"的中国自身改革经验的发挥和灵感的闪现。中国需要在全球化4.0时代再次校正国家战略，重新定义其对外利益交换的格局、可行的策略、适当的贡献和提供具有感召力的理念。

在升级了的全球化4.0版本中，中国必然会有全新的对外利益交换格局和攻略——以贸易加深跨国经济联系，以投资输出产能和资本，并在这两个过程嫁接人民币国际化战略，最终中国经济的影响力会伴随着人民币的国际化程度而提升。中国可以在维持原来的大循环，即传统的三个世界——资源国、消费国、生产国的格局一段时间不变的情况下，全力布局小循环：即以中国为核心—周边国—资源国—外包国—科技国（美国）—品牌国（欧洲）的新价值链和新动力格局，进而突破原来的三个世界和G2的僵化格局，打破以中国制造商品、美国消费为主的循环圈，从输出廉价的中国制造，升级到输出工程、服务、产能、投资和资本，以至最终的货币——即人民币国际化，参与全球货币竞争。

中国作为新兴大国如何与守成大国博弈，无疑是十分有吸引力的研究课题，当下的世界仍然局限在多元文化冲突的权利角逐和对各种异质文明差异性和优劣争辩之中，我们的研究致力于一个更为整体的世界观和历史进化论，尽管只存在一个统一的框架或者思路会显得浅薄并情绪化，但这会让群情激奋而又支离破碎的世界产生新的希望。偶然中存在必然，混沌中变得清晰，全球化的高潮和低谷也是人类文明的起起落落。而原教旨市场主义者能够提供的坐标系，基本上到2008年金融危机时就结束了，直接拿来搞不好会陷入"欲练神功，必先自宫，即便自宫，未必成功"的尴尬境地。其实他们习惯的美元或者说美国次序感，是最近历史过程中从金本位破产以来，最具生产率、也是最具迷惑性的一种世界经济次序安排，它恐怕不是那么全部适合一个大型的、竞争性的、转型的、最古老的经济体。

更有趣的可能是中国应当如何与世界沟通，例如面对中国缺席TPP，国内不少人表达了从失落到愤懑的各种负面情绪和解读，而此前美国朝野关于"一带一路"和亚投行的猜忌又何尝不折射出美国的焦虑呢？基辛格有一个颇为有趣的观点是——东方主阴习惯长远谋划，西方主阳则常常直来直去，所以东方把西方的阳当作阴即某种形式的阴谋论，如TPP，如人民币汇率升值压力；而西方把东方的阴当作阳即挑衅和进攻，如"8·11"人民币汇改，如南海岛屿建设。真是如此脸谱化吗？韬光养晦并非光荣孤立而是全球化3.0下面闷声发大财原始积累，"一带一路"也不是门罗主义而是全球化4.0下面的包容性一体化互联互通，最终世界秩序始终是新一代全球化的理念和感召力的大比拼。东西方是否可以找到合适的理解和分析框架，以免阻碍沟通形成战略误判，最终导致全球化停滞甚至反转呢？

邵宇

（东方证券首席经济学家）

本文节选自作者《全球化4.0：中国如何重回世界之巅》序言部分

2016年

金融危机十年的中国领悟

"十年危机两茫茫，市场殇，复苏难，千丝万缕，得失费思量"。2008—2017年，百年一遇的全球金融危机走过欲说还休的十年。十年之前，市场大多相信，危机终会过去，一切必将复归如常；十年之后，市场渐渐明白，危机影响不会消逝，世界格局变化已经深深烙上危机的印记。回望这十年，危机不疾不徐地完成了风险演化的闭环，从流动性危机到债务危机再到货币危机，从美国到欧洲再到新兴市场，没有哪个市场能远离共振，没有哪个国家能独善其身。作为全球第二大经济体，中国经济在这十年里也感受到风险传染的混乱，体验过刀锋起舞的挑战，展现出减速增质的倔强。此间种种，莫衷一是，唯有丝丝领悟，发人深省，催人奋进，留待下一个十年谨记于心、见之于行。此前，我们从全球角度总结了"危机十年的十大启示"；现在，我们将从中国立场思考危机十年的四个领悟，勉力为决策者和投资者远眺下个十年提供点滴帮助。

利益，是最现实的普世价值。利益最大化，既是理性人的行为基准，也是国家博弈的核心关切。危机带来的最大冲击，是利益分配格局的变化。全球经济增长中枢系统性下降，利益总蛋糕在缩小，随之而来的，是蛋糕分配的矛盾内生激化，国家利益最大化的博弈结构从和风细雨的共赢模式转化为以邻为壑的冲突模式。对于中国而言，自身利益最大化同样是天经地义的理性选择，只是在践行这一"普世价值"的过程中，需要一些更务实、更前瞻、更长期、更策略的考虑：

第一，以积极防御的姿态，应对以邻为壑的外生挑战。过去十年的经验表明，主要国家的政策选择都是内视性的，其外溢性影响往往会给其他国家乃至全球经济复苏形成挑战。作为一个成熟的开放性大国，中国不能天真地认为现有规则会时时有效、整体利益会自然实现，而需要应时而变、有所作为，积极应对外部风险、谨守内部底线，在利益博弈中抢占先行优势。

第二，以推动全球治理变革为手段，改变全球利益分配格局的失衡结构。过去十年，美国作为危机起点却最快实现了周期复苏，根本原因在于美国在现有利益分配格局中具有霸权主导力量，而对于中国而言，积极推动全球经济秩序和国际货币体系朝向多元化发生变革，既是争取战略主动的关键举措，也符合全球利益改进的过程正义。

第三，以海纳百川的中国智慧，开拓长期利益协同的发展路径。国与国之间，短期利益可能时时冲突，长期利益却有望整体协同，关键是发现利益协同的内生机理并形成利益协同的有效机制。对于中国而言，在基本面相似、地域相近的"朋友圈"内主导并推进区域经济一体化，有利于在利益共享前提下实现自身长期利益最大化。因此，把握美国战略收缩的机遇，以亲诚惠容的价值观加速推进"一带一路"，将是未来十年中国引领区域利益协同的必然选择。

稳定，是最重要的复苏根基。危机十年，恍恍惚惚，世界很多角落都或早或晚地陷入混乱之中；未来十年，纷纷扰扰，宏观乱纪元还将或明或暗地左右着复苏之路。正是由于不确定性丛生成为一种最大的确定性，稳定才显得尤为稀缺、珍贵。对于中国而言，稳中求进不仅是一种具有中国特色的政策智慧，也是一种具有时代特征的国际经验。"稳"字当头，作为宏调基调，需要旗帜鲜明地大力倡导，而作为复苏根基，更需要从危机教训中充实细节内容：

第一，以稳定的政策取向避免无谓的人为周期波动。即便是连绵雨季，也会有将将雨歇的时候。危机十年，至少发生过两次极短的复苏过热现象，2011年甚至还出现了较为明显的通胀压力，然而，事实表明，危机的内生威力很快会击破刺激政策引发的繁荣假象，危机中政策稳定性相对最高（没有因 2011 年假通胀而真加息）的美国，也实现了最稳定的长期复苏，因此，在短期波动中保持长期政策定力显得格外重要。

第二，以稳健的政策搭配避免系统性风险的滋生。危机十年，金融风险不断发生异变，单一政策在危机冲击面前即便再正确，也难以获得预期中的政策效果。对于金融市场进化还不够充分的中国而言，这类教训更为深刻，无论是资产泡沫、"股殇"、熔断还是人民币汇率贬值心魔，都是系统性风险的体现，而缺乏监管协同和政策协同始终是中国市场稳定的"阿喀琉斯之踵"，正因为如此，金融监管改革的破局势在必然。

第三，以坚定的底线思维避免经济社会环境的畸变。稳定不仅是稀缺的经济发展属性，更是稀缺的社会演化属性。危机十年之后，全球经济增长中枢依旧还在下降，但经济政策解决问题的能力明显下降，经济风险向政治风险悄然轮转，民粹主义、孤岛主义和新保守主义在世界各地星火燎原，政治动荡对经济发展的反噬愈发深重。对于中国而言，发展始终是硬道理，在发展中解决结构失衡、两极分化、利益藩篱、阶级固化等复杂问题显得尤为重要。如此背景下，底线思维更需彰显，经济增长需要必要的托底，改革开放需要务实的推进，民生福利需要真切的顾及。对于中国这样一个大国而言，"稳"字当头，才能在宏观乱纪元中稳健前行，积跬步而至千里。

成见，是最深层的思想桎梏。危机十年，最被颠覆的，是经济世界固有的思维范式，以及传统的政治正确。正如经济学家自己所反思的，"象牙塔里的革命远远没有跟上真实世界的改变"。而对于中国这样一个发展中的新兴市场大国而言，发达国家现有的经典思维和政策范式可能还没有深层应用就已经失去思想活力。因此，未来十年，中国比以往任何时候都需要在有中国特色的经济发展之路上独自前行，既不能敝帚自珍，更不能遵循教条主义的任何成功范例。成见，根深蒂固；突破，则无处不在，对于中国而言，一条与时俱进的中国特色之路可能包括：

第一,以审时度势的姿态融入异变的全球化。全球化虽然是不容置疑的长期趋势,却未必是时时递进的演化过程。特别是在主要国家经济周期错位的复杂阶段,全球化往往会迎来短暂的退潮期,2016年特朗普胜选美国总统以来,美国更是阶段性高举贸易保护主义的旗帜。对于中国而言,需要认识到全球化放缓、停滞甚至倒退的阶段必然性,不能抱有不切实际的幻想,也不宜长时期地原地观望,而是要以更有所作为的选择在冲突性贸易博弈中积极占据主动,并在此过程中积极推进以我为主的区域经贸一体化,在保障中国利益的前提下为未来全球化的加速前行积累区域动能。

第二,以务实稳健的步调推进经济体制机制改革。以提振全要素生产率为目标的改革,永远是中国经济持续起飞的根本动力。不过,世易时移,30多年高速发展之后,中国已行至"中等收入陷阱"的十字路口,前行稳健,前路指向欧洲和美国,稍有差错,前路则通向拉美。因此,未来十年的中国经济体制改革,更需蹄疾而步稳,方向坚定,过程审慎;需要避免盲目的激进选择和"西方崇拜",特别是要避免被机械的老化思维所束缚,而要结合全球政经局势的快速演化和中国经济的新生特点,以务实创新的思维引领改革深化,当进则进,当缓则缓,不被所谓的理论权威所束缚,不被外部的复杂压力所左右,以我为主,把握节奏。

第三,以过程理性的方式推进金融改革开放。危机十年,金融作为现代经济核心的关键作用进一步凸显。金融安全则经济安全可期、国家整体安全有望。金融安全涉及金融改革和金融开放两个命题。在金融改革方面,改革内容是既定的,改革时序则需要谨慎安排,过程处理不当,则很可能发生有如2016年年初"熔断"的教训。在金融开放方面,有张有弛才是理性之道,短期内,需要在国际金融监管框架内以适时适度的手段避免人民币贬值心魔引致恐慌式资本外逃,巩固人民币预期管理的既有成效;长期内,则需要在汇率稳定的前提下继续大力推进人民币国际化,稳健提升中国金融的大格局。

信心，是最宝贵的发展动力。危机十年，危机演化的路径实际上就是信用渐次崩塌的过程，而信用的支点是信心，因此，信心是真正对冲危机影响、实现危机后再崛起的根本动力。信心弥足珍贵，信心也不会凭空而生。对中国而言，凝聚信心需要从三个维度理性思辨：

首先，需要客观认识中国发展的大局定位。危机十年，全球格局深层重构，理解中国在其中的定位变化，需要将中国置于一个坐标系中加以审视。这个坐标系的横轴是世界，纵轴是历史，以国际视野、历史眼光审视当下中国经济，减速增质的发展特质始终具有相对比较优势，中国经济凭借"岁寒见后凋"的底蕴，依旧在发展坐标系中处于上行通道，过程虽然曲折，前路却充满希望。

其次，需要理性思考中国改革的深层属性。中国改革的方向，根本上看，不是人为外生决定的，而是发展阶段内生决定的。例如，改革致力于推动中国向消费型经济体的转变，而从中国人口结构少子老龄化和有特色中产崛起的特征来看，消费崛起是内生趋势，改革所起到的作用是平滑、保护并加速这一内生变化的发生。因此，改革具有其内生合理性和必然性，改革的有序推进是中国长期稳健发展的信心来源。

最后，需要务实评价中国问题的解决方案。中国始终是个发展中国家，在发展中必然会碰到各种问题，包括债务高企、杠杆过度、资产泡沫、增长减速等，解决问题，需要求真务实地认识问题、应对问题。问题源于周期，中国经济处于"短周期反弹＋长周期下行＋超长周期崛起"的三期叠加状态。短周期上行带来短期通胀压力和过热风险，需要货币政策边际收紧加以应对；长周期下行是基本状态，人口、资本和全要素生产率构成了长周期发展的核心动力，在刘易斯拐点已至、资本边际效用递减的阶段，以供给侧结构性改革提振全要素生产率是唯一可选的发力方向；超长周期崛起的根本动力是微观激励机制，在改革开放 30 多年之后，激活又一个 30 年的长期崛起，需要尊重微观崛起，保障民生福利，并通过反腐败、简政放权等一系列举措打破利益藩篱，积极培育中国梦的微观基础。从周期角度的政策应对看，中国并没有回避问题，而是以有力举措直击问题核心，这恰是我们对中国经济的未来始终保有谨慎乐观的根本原因，这同样也是我们客观审视中国经济长期运行绩效的基本视角。

程实

（工银国际研究部主管）

应对全球经济衰退的"中国策"

2008年全球金融危机后,世界主要国家的经济发展呈现出总体衰退趋势,欧盟、美国、日本等发达经济体的经济增速几乎全部下降。新兴经济体也是如此,俄罗斯、巴西、南非等"金砖国家"都在衰退,中国经济也从2007年14.2%的增速降到去年的6.7%。尽管目前美国经济表面上正在"强劲"复苏,中国经历供给侧结构性改革后,宏观经济总体上长期向好,但是,世界经济走向"双引擎"增长格局,并未改变整体上仍处于深度调整的分化趋势。

现在的关键问题是:全球经济为什么衰退?用什么办法来治理?如何引导世界经济走出下行轨迹?相关研究和文献很多,但总体上不尽如人意,毕竟以文件去论证文件,既不太令人信服,又缺乏经济学的逻辑解释。学理支撑不足的中国方案提出后,尽管得到一些赞同,但是,世界经济学界尤其是包括一些诺贝尔经济学奖获得者有不同意见,比如,约瑟夫·斯蒂格利茨在2016中国发展高层论坛上就曾表示:"在没有充足的需求的时候,供给侧的改革反而会增加失业,而不会促进增长。很多供给侧无效的改革,比方说……在美国和其他国家80年代的供给侧改革都是失败的。"

为何2007年美国次贷危机引爆全球金融危机后,世界经济至今十数年仍未走出衰退泥沼?自凯恩斯创立宏观经济学后,各主要流派开出的"药方"为何难以奏效?背后或许是世界发生了根本性格局变化,以致需求管理、货币主义、供给学派等在内的主要政策主张,或各种政策组合无法发挥出应有的拉动作用。

当今世界发生了什么样的格局性变化?我们认为主要有两方面。一是主要经济体的人口增长速度下降,进入低增长,甚至有些国家出现负增长;二是技术进步在加快，影响着财富和收入在人们之间的分配，特别是智能机器人的发展，总体上未来是增加就业还是收缩就业，还是未知数。前者造成现有宏观经济分析暗含的人口稳定增长假设不成立，导致使用人口总量稳定的方法来平衡总供给和总需求，促进经济增长、解决失业的相关政策难以奏效。后者直接带来的是收入分配不合理，但由于高收入者的边际消费倾向小于低收入者，单纯减税的供给学派政策增加总供给后，却没有足够的总需求相对应，产能过剩的经济危机难以短时间内实现全球出清。这要求我们必须重新审视现有宏观经济分析的视角，重点关注上述两个比较重大的世界格局新变化。

世界经济长周期中遭遇两个市场失效

首先是人口再生产调节的市场负面作用与萨伊定理的失效。实际上，人口在农业社会、工业化和城市化阶段、后工业化和城市化前期表现出来的特征是：人口生育率、死亡率都很高，但总体上人口自然增长率呈上升状态；但是，从工业化和城市化后期开始直到后工业化阶段，人口出生率和死亡率大幅下降，人口增长形势开始向下，一直滑到非常低的增长率水平，人口增长的上行和下行分界线十分明显（图1）。

图1：人口增长的模式转型

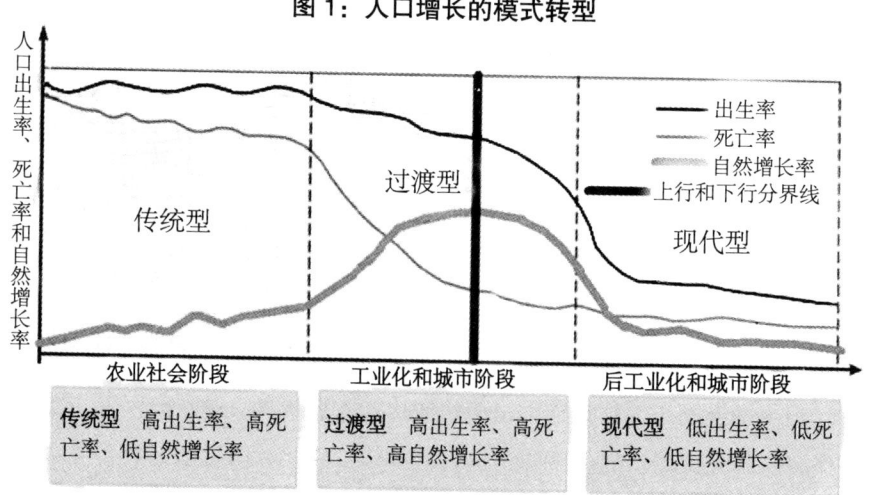

国家都降到人口千分之二、千分之三、千分之四五，下降非常快。人口总和生育率有一个数字是 2.1（妇女终身生育的平均孩子数）。一般来说，保持 2.1 这个更替水平左右的总和生育率，有利于达到人口均衡发展。也就是说，如果大于 2.1，总人口是上行的，反之则下行。经过测算，我们发现，人口增长率有个"门槛阈值"是 0.75%，即如果人口总和生育率小于 2.1，人口增长率就低于 0.75%。从世界人口增长的态势上看，全球人口增长率在 2030 年前就会低于 0.75% 的门槛阈值，总人口未来必然会下行（图 2）。倘若去掉生育受宗教影响较大的伊斯兰国家，当前世界人口增长率或许已经低于 0.75%。

图 2：世界人口增长率及预测

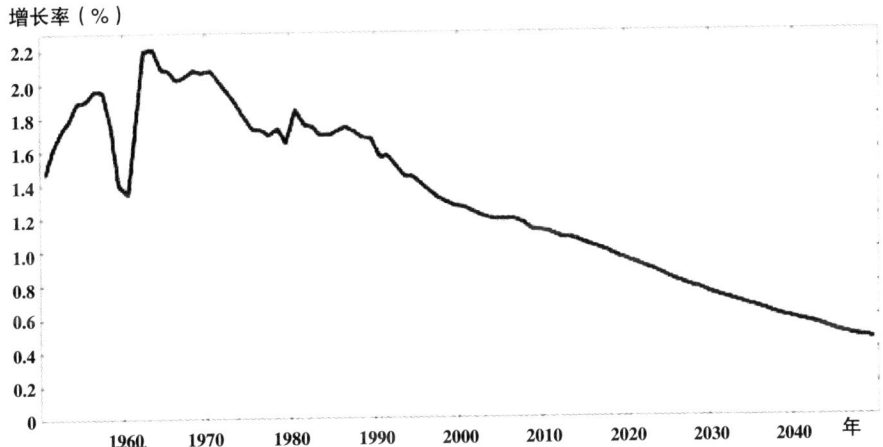

数据来源：世界银行。

实际上，即便人口总和生育率保持在 2.1，也不会立刻刺激经济，一般要有一段时间的滞后期，比如，我们对中国数据的回归结果显示，人口增长率和经济增长率虽高度相关，但滞后时间也在 20 年左右。究其原因，主要还是有效需求应该既要有消费欲望又要有支付能力。新增人口刚生下来是潜在的需求，但由于不能和货币结合，不能算是完全"独立"的有效需求。20 年以后，这部分人口有了收入，就会成家立业、增加买车买房等消费，变成了有效需求。所以，从需求侧来看，新增消费需求可以大致看成是由新进20岁左右人口 × 平均工资等收入 × 消费率构成；而从供给侧来看，新增GDP也可大致看成是由新进20岁左右人口 × 劳动生产率构成。

这样，只要人口保持平稳速度增长，需求侧和供给侧的新进入社会劳动人口就会保持平衡，即使宏观经济整体由于受到外部冲击、心理预期等因素影响，出现波动，以需求管理为主的凯恩斯政策是有效的，也能"熨平"经济波动。倘若出现较大幅度通胀，以管住货币为主的货币中性政策也会发挥抑制通胀作用。

同样，如果人口保持高速增长，总需求会随成年人口增长速度加快扩张。如果全社会供给能力没有显著提升，还会出现原有生产能力满足不了需求的情形。这时，通过减税等扩大生产的供给学派政策，的确会产生供给自动创造需求的效果，萨伊定理总体上也是成立的。

但是，当人口处于下行阶段，全社会总消费的边际需求就会递减。倘若当前的总生产能力不做出调整，随着人口增长率的持续下降，总需求的边际递减程度越来越高，市场出清能力必将滞后于总需求的边际递减。这时，如果不从结构上做出调整，单纯地增加社会供给，就会出现所谓的供给自动创造需求失效情形，供给学派的政策建议自然不会发挥功效。

人口下行中，人口结构的老龄化还会进一步恶化宏观经济总体形势。这是因为当人口结构朝着老龄化转变，虽然经济主力人口消费率比较高，但老人消费率比较低，所以，越是老人多，收入的边际消费率越低，对总的最终消费品需求产生比较大的影响。还有，人口死亡率提高后，老人去世留下的房子和车增加了供给，变相造成供给相对过剩，因为房子原本老人居住，现在却没有人住了。这种结构性因素的变动，导致传统意义上的需求管理政策相对无效，比如2008年，为拉动中国经济发展的"4万亿"政策，当时产生了非常好的经济效果，也对中国平稳度过全球经济危机有非常重要的积极意义，但是，后来经济增速还是降下来了。虽然下调增速可以说是中国政府的"主动"作为，目的是为了调整结构和增加经济发展的持续性，但是，我们或许也应该思考一个问题,即如果没有美国 2008 年的金融危机,也没有 4 万亿刺激政策,中国经济增速会不会平稳下滑,毕竟人口"缺口"是客观存在的。

人口增速下降还与经济高速发展后,抚养成本和养育机会成本越来越高有关。这是全球经济社会发展的共性问题,其直接后果就是主要国家的总和生育率跌到 2.1 以下,像今天东亚的日本、韩国、台湾地区等就是如此。人口往下降,导致人类再生产本身发生替代收缩的不平衡,即市场机制在长期的过程中有失效的一面。比如,2015 年世界人口增长数为 9300 万,年增长率为 1.7‰。值得注意的是,在世界人口的增长中,发达国家人口增长率不到 0.5%,而发展中国家人口增长率为 2.1%。

实际上,主要国家的生育率都很低。按照中国 2015 年抽样 1% 的调查数据,实际的生育率是 1.05,人口增长率是 4.8‰;美国去年是 1.84 的生育率,人口增长率是 7‰;日本、俄罗斯、德国都是负增长;韩国是 2‰;整个欧盟低于替代率为 1.55(表一)。世界经济的主要生产能力在发达国家,发达国家人口长期减少,自然会带来产能相对于需求过剩的难题。

表一 近两年主要国家地区生育率和人口增长率

国家和地区	生育率	人口增长率	年度
美国	1.84	0.70%	2016
中国	1.05	0.48%	2015
欧盟	1.55		2014
日本	1.42	-0.07%	2014/2015
俄罗斯	1.61	-0.01%	2014/2015
德国	1.43	-0.20%	2014/2015
韩国	1.25	0.20%	2015

数据来源:作者根据各国政府网站数据整理。

于是,我们就可以发现:当前世界经济发展在人口再生产上的市场机制是有问题的,如果生育率总和降到替代率 2.1 以下,再加上滞后 20 年的作用,经济主力人口总需求的递减,原有的生产能力不能马上出清,就会出现一种常态性的生产过剩,结果是国民经济向着生产过剩和经济衰退的方向变化,这是我们在学理上的一个发现。

其次是收入分配向上流动集中传导的生产过剩和经济衰退。从一个国家的整体收入分配上看,大体可以在企业、个体、政府三大群体之间分配。从收入占全体国民经济中的比重上看,又大体可以划分为高收入、中等收入和低收入三类,呈现出金字塔形结构(图3)。由于个体大多仅拥有劳动,参与国民收入分配主要依据为是否参与了生产活动的创造:创造得多,得到的收入就多;参与得少,收入就少;如果不参与,倘若没有再分配机制,就没有收入。与劳动不同,资本技术所有者可以凭借除劳动以外的要素获得收入,再加上智能技术进步,主要国家"机器换人"的深入推进,资本和技术的分配率越来越强(毕竟机器人是不必要支付劳动报酬的),而劳动越来越弱。如果政府再分配掉一部分,劳动分配的比例就越来越少。

图3:收入分配与经济增长传导机制

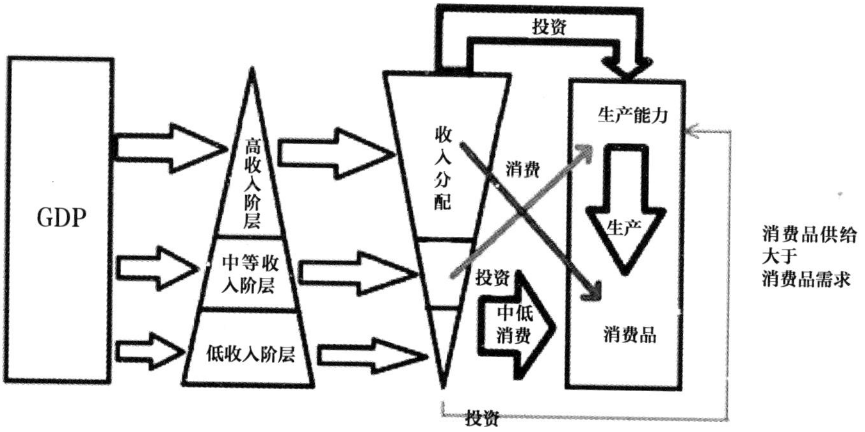

资料来源:作者根据相关理论整理得出。

资本和劳动收入分配的对立关系,在马克思经典理论中早已论证。从需求侧来看,资本技术所有者收入分配向上偏倚、劳动向下偏倚的发展趋势,对总需求还构成了额外麻烦,因为边际消费倾向决定了收入越高的群体,消费率反而越来越低，比如，年收入 1000 万的富有阶层，一年吃喝拉撒睡可能 10 万就够了，而工薪阶层一年的收入可能只有 10 万，但 8 万元钱消费掉了。这就导致资本和技术拥有者收入越高，消费率越低，而劳动者虽然消费意愿强，但收入水平低。要素所有者收入分配的向上流动机制，决定了低收入者消费扩张的速度慢于高收入者降低的幅度，从长期来看，总需求增长速度不会大幅上升。

从供给上看，向上流动的收入分配机制还有扩大投资的冲动，导致总生产能力大于总需求，造成生产相对于需求的过剩难题。由于收入低的群体，绝大部分的可支配收入用于消费，投资很少，但高收入者正是因为边际消费率低，剔除必要消费部分后的收入往往会扩大投资，比如增加储蓄，购买证券、股票，投资房产等。这就造成富人的钱越来越多地进行投资，消费越少；穷人的钱，或者是低收入者的钱，越来越不能进行投资，在国民收入分配中分的越来越少，从而造成了总需求和总供给的年度失衡问题，即第二年的消费品供给大于消费品的需求，第三年循环往复。

对 GDP 分配重新认识后，学理上可以很容易发现：国民收入分配存在向上流动机制，资本和技术的分配率越来越强，但资本技术所有者收入的投资边际率是高的，但是，低收入者的投资边际率相对较低，收入增长的幅度相对较慢，导致下一个过程中，生产能力创造的比较多，但消费品消耗不掉，收入分配向上流动集中传导，极易出现生产的相对过剩和经济衰退。

这个问题马克思在《资本论》中早就研究过，且资本有机构成提高后，工人失业或工资相对过低，最后购买不掉生产的供给部分，导致生产过剩和经济危机。但是，马克思没有强调边际投资率和边际消费率的作用，因为那时候的技术进步也没有现在这么快。实际上，阶层财富逆向"倒金字塔"结构中，边际消费率和边际投资率的不同，致使高收入者通过增加投资促使供给能力扩大，但消费对供给的平衡能力却趋弱。

然而，就全球收入分配的状况来看，分配不均与劳动收入恶化长期没有得到改变，而且更加严重，例如，波士顿咨询集团发布的《2016 年全球财富报告》中，2016年全球私人持有的财富增长了5.3%，但其中接近一半财富掌握在最富1%家庭(净资产至少100万美元)的手中。从美国来看，收入分配差距在实施货币主义的政策、凯恩斯政策扩大就业后稍微有点缓解，但又恶化，基尼系数一直处于上升状态，向上的集中趋势是没有改变的（图4）。根据美联储最近的调查统计显示，美国1%的家庭拥有35.4%的全部财富，另外9%的家庭拥有42%的财富，也就是说最高的10%拥有社会总财富的77.4%。同时，最底层的40%只占有0.1%的财富，剩下的50%占有22.5%，财富的基尼系数达到惊人的0.87。欧洲国家收入分配差距小一些，荷兰、法国和德国的数据要好看得多，但底层40%的人也才获得22%的收入，而上层10%的人却获得了23%的收入。

图4：美国家庭基尼系数（1947-2015）

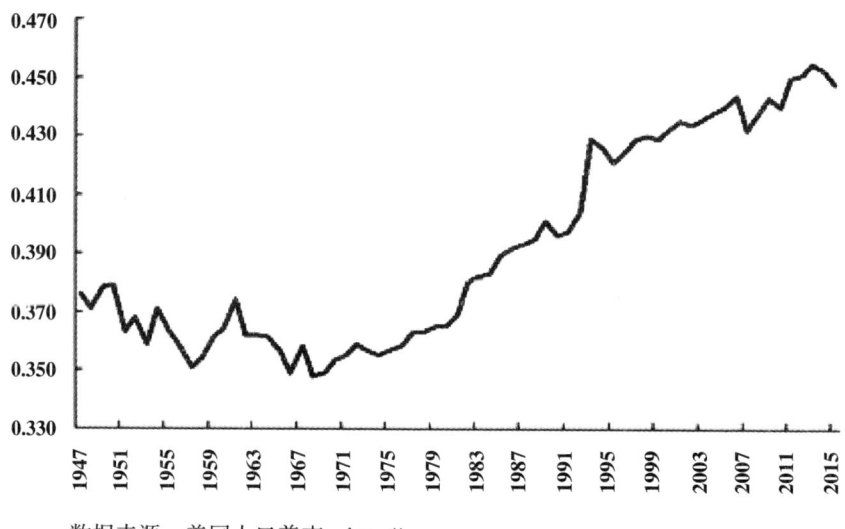

数据来源：美国人口普查，http://www.census.gov。

与收入分配交叉作用的还有人口增长下行因素。正如上文所述，在人口增长上行时期，由于潜在的消费需求处于扩张状态，潜在产出能力的形成有一个滞后时间。这就对过剩问题有缓解作用，但是，在人口增长平行或者下行期，这种生产过剩造成的衰退就凸显出来。例如，尽管美国人口增长率比欧洲要好，但为什么会衰退？除了它的人口下行，更大的问题是收入差距问题导致的生产过剩，比如，从 1995—2015 年，美国贫困人口总数整体上是持续增加的（图 5）。

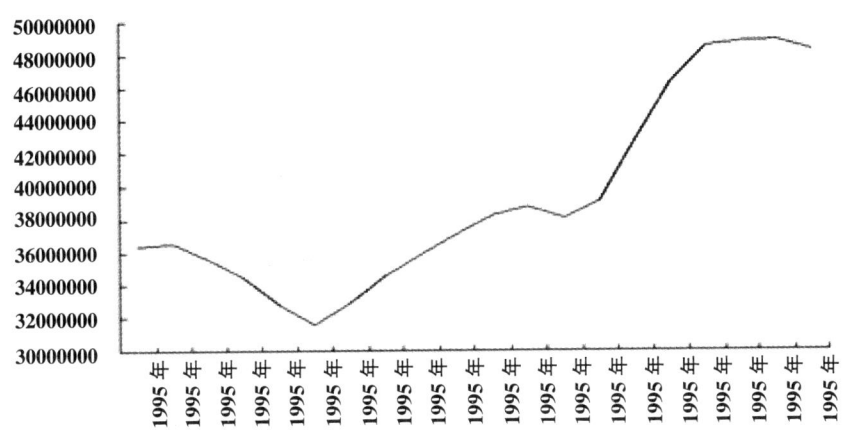

图 5：美国贫困人口总数（人）

数据来源：美国路易斯联储分行。

在人口爆炸性增长阶段，上述困难可以得到缓解，因为从工业化开始到工业化中后期，受文化、自然经济、习惯等因素影响，生活成本低，工作好找；人口流动性低，机会成本比较小，妇女受教育水平很低，人力投资成本很低，都比较符合贝克尔的家庭经济学。因此，人口爆炸性增长阶段，总需求边际递增，总需求大于总供给，整个经济增速会比较快，比如 20 世纪八九十年代的东亚等国家和地区。

只是进入工业化阶段的高增长时期以后，一旦到了人口下行阶段，服务业扩张后，速度就降下来，这在学术上也被称为"鲍莫尔诅咒"，即一旦这个国家的服务业比例开始扩张甚至超过 50%—60%，速度就下来了。什么原因？主要还是工业化可以标准化，大规模生产，劳动生产率比较高，劳动成本比较低。但是，服务业是人操作的，不能标准化，不能规范化，成本太高，比如，一个著名的歌唱家再培养一个同样出色的歌唱家，要比熟练纺织工人培养另一位同样的熟练工人难得多，毕竟资产专用性决定了服务业为主的经济，可复制性差，标准化生产难度高，成本难以短期内马上就降下来。

经济学家们对过剩和衰退的解释及其解决思路和方案

马克思曾经对生产过剩做过解释。他在《资本论》中认为，造成生产过剩的根源是私有制生产关系混乱，竞争性决策带来的只能是经济衰退，解决办法是将生产资料统一供应，目的是为了生产资料和消费品进行计划生产和计划分配，以便解决资本生产关系下相对过剩的问题。

凯恩斯将短期生产过剩解释为经济周期的一部分，繁荣之后就是回落、萧条。为什么会这样？就是因为消费倾向——边际消费率对资本未来收益的预期，以及货币的流动性偏好，是储蓄多一些还是拿货币去投资多一些等等。凯恩斯认为，生产过剩是这三个心理因素引起的，一旦预期未来投资不好，消费者就愿意自己储备货币而不愿意消费，最后导致生产过剩和投资不足问题出现。在此基础上，他开创形成了宏观经济学，但由于其治疗政策直接从马歇尔理论跳过来，缺乏微观基础的政策理念和现实经济有很多矛盾之处。比如经济衰退时期，私人不愿意花钱投资，为了把周期抹平，政府就要实施扩张性财政政策和货币政策，增加基建投资等方面支出，以便最终实现扩大就业和拉动经济复苏的作用。凯恩斯政策确实使得战后全球经济持续繁荣了十多年，但也带来了负面影响，比如，1973、1974年发达国家出现了全球性的恶性通货膨胀，就是凯恩斯扩张性政策的必然结果。

面对恶性通胀，以弗里德曼为首的货币主义学派认为，生产能力长期由资本技术决定，而不决定于货币。货币是一个稳定的函数，主要取决于宏观经济所需要的货币、股票、价格、汇率等，它和生产集体的变化关系不大，因此，即便短期内可以通过刺激需求使经济稳定，但长期经济增长没有作用。于是，他们提出中性货币政策，强调要放开市场，以通货膨胀的速度管住货币。从政策实施效果来看，弗里德曼的提法主要在德国效果比较明显，这是因为德国战后婴儿出生率比较高，倘若使用凯恩斯扩大总需求的扩张性政策来重建德国经济，弄不好就会出现严重的经济膨胀，但是，德国经济增长的冲力是存在的，欧洲国家财富向上流动向上集中，由于当时其工会和社会保障还没有那么严重，所以，货币主义能比较容易解决这些问题。

可是，货币主义没有解决凯恩斯经济学的困境，即流动消费偏好、投资预期以及流动性偏好引起的经济危机，而马克思认为是由于资本主义分配制度不合理，资本所占比重太多了，劳动分得太少了，最后导致生产出的商品消耗不掉。随着资本主义福利制度，尤其是欧洲民主社会主义制度改善普通劳动者生活水平后，资本和劳动的矛盾有所缓和。但是，随着时代向前发展，20世纪七八十年代出现的经济停滞、通货膨胀并存的问题（也被称为"滞胀"），无论是凯恩斯主义政策还是货币主义政策都无法提供有效政策加以解决，于是，供给学派经济诞生了。

供给学派重新肯定了供给能够自动创造需求的萨伊定律，认为从全部经济看，购买力永远等于生产力，经济有足够的能力购买它的全部产品，不可能由于需求不足而发生产品过剩的问题，增加储蓄和投资，生产相对过剩和经济衰退可以自动恢复。客观来看，供给学派相关政策经过美国里根时代和英国撒切尔夫人时代的实施，也的确带来西方主要发达国家在20世纪八九十年代的中兴。

为什么供给学派政策观点会起到作用，主要还是取决于劳动、资本要素供给数量的边际报酬率。如果政府税收太多，报酬率就下降，投资者就不愿意投资，劳动者甚至不愿意参加工作，而宁愿去领政府的失业救济金。所以，供给学派认为要充分发挥市场机制，以实现市场要素的供需均衡和有效利用。他们提出要减少社会支出，主张通过减税来鼓励企业投资，通过降低个人所得税鼓励劳动者参加工作，提高工作意愿。企业投资扩张以后，生产能力就会扩大就业，创造出来的产品也能抑制通货膨胀。普通劳动者就业机会增加后，收入水平和消费欲望提升，总供给和总需求也会平衡，生产相对过剩和经济衰退自动瓦解。

但是，在我们前面提及的总人口下行和收入分配向上流动机制的两大问题下，供给学派解决不了当前以美国为代表的世界经济衰退困境。一是因为里根政策实施后，减税政策相当程度上有利于资本技术所有者，它的财富实际上是向上流动的，导致美国基尼系数不断提高，穷人数量也不断增加。二是在人口下行背景下，萨伊定律是失效的。这是因为总人口减少后，总需求将不断压缩，减税后生产能力扩张，总供给超过总需求的过剩局面不仅不会好转，而且还会恶化，生产过剩和经济衰退是一个长期存在的现象。所以说，萨伊定理在人口上行阶段是成立的，而在下行阶段不成立。

实际上，许多国家的经济政策是前三种理念和工具的整合，今天，特朗普在国内采取减税政策就是供给学派的办法，扩大基建投资是凯恩斯的办法，对外是反经济自由的贸易保护主义思想。总体上，特朗普的经济政策是一种大杂烩和混合物，当然，也没有任何一位美国总统单纯使用一种货币主义的办法或者财政政策的办法，但是，即使特朗普的这些政策实施，它们的后果会怎么样？减税是不是让收入更多的资本获得？倘若真是如此，特朗普经济政策的实际效果或许并不理想。

另外，就是面临机器换人的挑战。比如，美国零售业有1600万人就业，但现在大超市正在不断采用机器人替代售货员。如果全部普及会减少700多万人就业。所以，即便特朗普最后在制造业上能创造出就业，但这些新增就业或许只能抵消服务业消失的从业人口，政策实施效果也会大打折扣。

治理全球衰退的新思路和新方案

全球经济面临人口下行和新技术使用下收入差距扩大的两大格局，应该采取什么政策组合才能走出衰退阴影？新思路和新方案又有何不同？需要深入分析。

尽管全球经济的总体变化上，资本和技术创造财富的力量更为强大，财富和收入具有向上流动和集中趋强的特点，但在不同国家，人口和收入分配并不完全相同，即便发达国家的人口生育率和增长率都在普遍下降。从美国来看，引起衰退的因素的重要性上，收入差距第一，人口下行第二；而从欧洲和日本来看，生育和人口下行第一，收入差距第二。其他的一些发展中国家，生育率和人口增长率在上行，但收入分配差距的负面影响也是存在的，即便印度也是如此，尽管增长速度未受到其收入分配差距很大的影响。什么原因呢？因为收入分配向上流动机制导致的生产过剩把人口上涨的总需求扩张给平衡掉了。

发达国家在人口向上增长的时候，生产过剩问题并不总是很严重，即便出现危机也能在相对较短时期内度过危机，但是，一旦处于下行就会出现时间持续很长的危机，比如本轮全球经济危机就是如此。日本则表现得更为明显，例如，"安倍经济学"中超级量化宽松的货币政策没有取得非常好的效果，一个很重要的原因是老龄少子化后，获得收入的人口不断减少。可以说，一个政府可以印出货币来，但印不出劳动者，印不出到企业、事业单位去就业、拿货币的人，很简单的机理在这里。

当前世界经济的主要问题是总需求不足与生产过剩"双并存"的局面，政策实施的难处则表现在：刺激总需求的方式解决不了过剩问题；仅从供给侧调整，比如普遍降税可以提升供给效率，但会形成更大的过剩；如果仅仅去产能，又没有替代项，衰退会更加严重；货币主义政策更是解决不了前述"成本机制调节人口再生产过度收缩"和"分配结构失衡传导的过剩和衰退"的两个市场失效。

中国近年提出了新供给经济学，还成立了新供给经济学论坛。很多学者专家在这方面倾注了大量心血，开展了长期的研究。但是，就新供给经济学和传统供给学派的区别，还是要理清楚，主要表现在：第一，传统经济学认为萨伊定律是铁定的，但新供给经济学认为萨伊定律不起作用，自由的市场机制有两个失效；第二，传统的供给学派的经济学认为总供给出问题了，但新供给经济学认为是总需求出问题了。这就决定了倘若仅仅改善供给状况，在两个失效没有解决或缓解的情况下，问题会更加严重。但是，怎么解决总需求问题，不能从总需求角度来解决，必须从供给侧着手，从总供给侧结构改革来解决总需求不足问题，这就是我们新供给经济学和传统供给经济学的区别，我们将其称为"新结构宏观经济学"。

新结构宏观经济学解决总需求不足与生产过剩并存的困境，肯定不能回到计划经济和"一大二公"的老路上，因为产权结构不清晰自然会带来道德风险、"公地悲剧"，也会带来内部人控制、交易成本、最小付出和最大收入的怠工等等低效率。计划经济中，信息成本及真伪、各层次利益不一致、行为的随机性不确定性、未来的不可准确预测性等等研究成果，也决定新供给经济学不能回到计划经济去，即便出现网络、大数据和极速计算等新技术后，走"计划经济的老路"或许也不可取，毕竟新技术只能计划机器而不能"计划"人的思想。委内瑞拉的实践经验就证明搞计划经济的危险性，市场经济方向和各种所有制并存的发展方向应该坚定不动摇。

新结构宏观经济学政策组合的思路就是在着重推进供给侧结构改革的同时，注重需求侧的政策配合，即用供给侧着眼、着手发力，解决全球性总需求不足问题，用供给侧发力的方法，寻找和拓展需求能力。供给侧发力主要是将狭义的"政策工具"扩展到"促进结构转型"，要求结构调整一定按照市场化推进，形成合理分配的经济和产业结构，政府的作用只是促进而不是管理，不是要调整产业结构类型。政策工具是为了解决凯恩斯主义"后遗症"，使企业休养生息。也就是说，供给侧改革要在促进经济增长和增加劳动者收入两方面同时发力，政府在弥补市场失效基础上，出台平衡人口再生产的需求侧政策。

首先，在全球人口观念和人口政策上一定要实施重大的调整。这是全球发达国家都面临的共性问题，像新加坡人口生育率只有0.8，过若干百年，这个民族就没有了，还谈什么过剩和总需求不足问题。韩国也是如此，按照现在的生育率到最后只剩一位韩国人，也不过区区几百年。解决供给侧结构的问题，首先要克服市场机制下人口生育率下降的问题，采取切实政策降低生育孩子和抚养孩子的成本，努力要把人口生育率保持在2.1这一警戒线上。目前全球人口出现分化趋势，针对低收入国家的高生育率和人口高增长率，应该采用经济的办法，比如提高妇女受教育水平，提升城市化率和人口流动，主动把人口降下来；而对于高收入国家，尤其是人口生育率低于2.1的国家，一定要想办法稳定在生育替代率上，这是一个世界性的问题。

其次，要从需求财政扩张管理转向供给侧减税工具。凯恩斯主导政策的一个后果是，国民经济宏观税费负担率上升。企业税负率上升，特别是一些发展中国家人均GDP税负率上升，抑制了企业的投资，就业的增加，结果可能是"滞胀"。当一些国家经济下行时，需求疲软，物价低迷，企业的高税费转移的空间狭小。减税后企业利润将会增加，也就会增加投资，从而降低失业率、增加居民收入、增加消费，带来的需求增加也将平衡生产过剩，从而推动经济增长，促使国民经济良性循环。

需求侧管理还要需扩大消费需求的财政政策。在实行凯恩斯扩大需求的经济政策时，政策工具要从以往扩大基建的财政政策，更多地调整到扩大消费的方面，如增加教育、医疗、健康、住宅公共品和准公共品等方面。这是因为虽然全球主要发达国家和发展中国家基础设施都存在更新换代和扩大新增投资的难题，但在人口下行和收入分配结构不合理的两大格局下，主要还是要刺激消费，努力扩大市场需求，让现存和新增生产能力创造出来的供给能力与总需求匹配起来。这就要求将需求侧的宏观政策主要放在人上，比如除了给企业减税、技术和产品更新换代外，还应该努力扩大劳动者的收入比重。这样既可以提高劳动力参与创造财富的能力，又可以提高财政投入的消费需求转化率和增强居民的消费能力，在消费溢出效应方面促进经济增长。

需求侧政策也要向鼓励人口再生产的财政政策调整。人口下行中，扭转市场失效带来的生育率减少问题，政府政策也要适当调整，以改变供给侧人口再生产条件，比如能否全力推行免费的托儿所幼儿园、义务教育要延伸到入托等，先把这些孩子们养起来，减小生育成本和抚养成本带来的人口减少问题。因此，财政政策一定要加大教育投入，改善供给侧的人口再生产，扩大未来经济发展潜力的全社会总需求。

第三，要管住货币，实现全球经济增长的供给侧发力。货币主义的理念和政策，虽然不能解决长周期过程中的收入差距、有效消费需求不足、生产过剩、失业和增长速度放缓等问题，但仍然要实施中性的货币政策，从"管住货币，放开市场"到"管住货币，供给侧发力"，防止短期在经济增长速度方面的急功近利，以及全球货币竞相贬值带来的"货币战""汇率战"和国际经贸摩擦加剧。

第四，要供给侧改革，促进结构的转型。结构不是转到资本有机构成越高、越大的角度，而是要向增加就业和增加收入的角度转型，最终实现产业组织结构上的"中小微"、要素结构上的劳动密集型；技术进步和劳动就业关系上，鼓励总体上替代就业小于扩大就业的技术进步；企业所有制上，鼓励能增加就业的民营经济发展；就业结构上，鼓励非正规就业，主要是增加就业、增加收入，以增加消费需求来解决生产过剩的问题。

最重要的政策是差别税率或退税政策工具，避免资本和技术生产的过多，劳动参与创造财富能力过弱，最后生产过剩。对于能增加就业的中小微企业要实行差别税率，不再像特朗普或者是供给学派给所有的企业都降税。比如存在大量机器人的生产企业，利润率已经很高了，就不应该降税，因为既没有增加就业，生产出来更多的东西又消费不掉，还有过剩之嫌。差别税率的着重点就是企业的就业率有多高，比如，中小微企业提高征税起征点、降低税率的操作是对的，因为这种类型企业的财富向上流动较少，相关政策操作具有遏制创造财富和分配财富阶段向上流动的机制。差别政策的主要目标则要满足两个：一是减少失业率，使劳动者在创造财富的同时，获得收入，避免资本、技术和劳动者之间收入分配差距过大；二是避免资本和技术生产的过多，劳动参与创造财富能力的过弱，居民的收入为基础的消费需求能力，不能平衡资本和技术可能主导的供给扩大的现象。

注重供给侧体制改革的作用。比如，日本的企业很难搞出共享单车，因为日本各方面的法律限制，它没法做。实际上，像日本这样的国家，也存在一个体制问题，要实施体制方面的改革。供给侧体制改革的主攻方向是放松市场准入，改革政府监管方式，以提升行政效率，在降低制度交易成本的同时，增强市场活力、增加投资。各国政府还要明晰、保护产权，激发创业者的创业动力和投资，发挥创业和就业拉动全球经济增长的作用。

治理全球经济衰退还要各国协调行动。各个国家发展状况、发展时期、收入水平和人口转型阶段不尽相同，生产供给能力与潜在的消费需求也不同，未来成长潜力差异的确很大。但是，全球各国必须协调行动，不能像美国那样自己保护起来，毕竟让美国制造业回归到底能增加多少就业，会不会又让机器替代了等等，现在看来还不明朗。从全球人口发展的趋势上，南半球人口往上走，总体上处于边际总需求递增阶段，北半球发达经济体（包括中国）已经处于边际总需求递减阶段，所以，南北必须要协调，让供给与需求在全球范围内平衡，形成抑制衰退的全球协调机制。各国在国际经贸活动中的分歧，应当在推进贸易投资全球化、自由化、便利化方面来解决，加强贸易投资的全球和区域合作。

总之，在长周期经济过程中，世界经济出现了两个市场机制的失效：人口再生产的失效和调节分配机制的失效。市场作用发挥得越厉害，人口生产越少，收入分配越往上集中，两个原因共同造成了目前的全球经济过剩和衰退。解决途径要在现有的宏观经济学中，拓展转型和结构主义的分析方法。现在研究和提出治理全球经济衰退的方案大多是短期的总量分析方法，没有考虑到人口这种大转型、长周期的因素，也没有考虑到分配阶层结构以及它的边际消费率和边际投资率不同。所以，我们在"成本机制调节人口再生产过度收缩"和"分配结构失衡传导的过剩和衰退"的两个市场失效中，提出"从总供给侧结构改革来解决总需求不足问题"的"新结构宏观经济学"中国方案，或许能对全球经济学理论研究有所贡献。

周天勇

（中共中央党校国际战略研究院副院长）

项松林

（中共中央党校国际战略研究院世界经济室副研究员）

引领"新"全球化

一般认为，自工业革命以来，人类社会已经历了两轮全球化历程。第一轮是以英国主导，主要表现形式是在全球范围内开拓殖民地，掠夺原材料；第二轮以美国为主导，主要表现形式是贸易全球化以及与之伴随的资本、信息、人才的全球流动。历史地讲，这两轮全球化都在不同的历史条件下，将原本分散、独立发展的各地区市场联通为全球大市场，一方面生动再现了"市场秩序的自动扩展"，另一方面也实现了人类社会贸易与财富的空前增长。

但正如哲学家所言，一个事物在产生与发展的过程中，总是同时在生成它的对立面。历史上英国主导的第一次全球化曾遭遇到了殖民地国家人民的激烈反抗，最终退出了历史舞台，而现在美国主导的第二次全球化正在遭到其本国人民的抗拒，也进入到逆向时期，2008年全球金融危机和经济危机之后，一些国家和地区已相继出现了逆全球化、反全球化的思潮和行动。以 2016 年英国脱欧公投和美国总统竞选结果出台为标志，逆全球化更是一浪高过一浪，2017 年也因此成为"黑天鹅"纷飞的一年，巨大的不确定性笼罩全球。

20 世纪最伟大的思想家之一卡尔·波兰尼在其著作《巨变》中，曾对第一、二次世界大战发生的前因后果进行过解释，其基本逻辑是：第一，自由市场经济发展到一定程度，将引发反弹，即社会起来保护自己，是为"反制"；第二，社会运动将压力传导到政治层面，左翼势力上台，是为"传递"；第三，经济萧条、战争频发，此为"崩溃"。他深刻地指出，法西斯主义兴起就是自由市场第一次蜕变的后果，而第一次世界大战、第二次世界大战就是当时历史背景下各国用以解决问题的最后手段。虽然历史不会完全重演，但历史也常常会惊人的相似。当今世界出现的种种迹象表明，第二次全球化也正在遭遇"反制"，也正在向政治层面传递。能否避免一战、二战的悲剧，保持和促进人类社会更大的繁荣、更长时间的和平，是今天我们站在2017年这一可能成为历史重大转折点，所有人、所有国家都必须深思熟虑、审慎决策的重大问题。

"时势造英雄"。巨变之际，也是国家与国家之间的影响力、领导力发生重大变化的时候。一战、二战之后，美国继英国之后成为世界的领导者，而现在，美国似乎重新要回到门罗主义的时代，中国作为新兴国家的代表，却正在世界舞台上崛起。继2016年G20杭州峰会之后，近期召开的博鳌亚洲论坛以"直面经济全球化与自由贸易的未来"为主题，广集全球政商学各界人士参与，5月份还将在北京举办"一带一路"高峰论坛，目的也是促进全球经济合作与融通。习近平主席今年初在达沃斯论坛上的讲话，更是表明了中国维护全球化的坚定决心。

需要指出的是，一个中国在其中发挥重要作用的全球化与美国主导的全球化有着重大的差别，可称之为"新全球化"。新全球化之"一新"者，首先在于主要是促进全球各国经济发展的全球化，同时尊重各国人民基于历史、文化、传统所形成的政治体制、价值观，"各美其美，美美与共"。新全球化之"二新"者，在于更加注重包容增长，即国不分大小，地不分东西，都有权利从全球化中得到应得的份额。新全球化之"三新"者，在于其主要动力机制是以互联网为载体的信息技术所催生的数字经济所形成的新兴产业结构和经济结构。新全球化之"四新"者，在于需要对二战以来形成的全球治理格局进行调整，新兴经济体将在全球治理中获得制度性的话语权和更大的表达空间。

改革开放以来，中国经济获得了长足的增长。2016年，中国GDP总量达到74万亿元，成为继美国之后的世界上第二个超过10万亿美元的经济体，对世界经济的贡献接近15%。经过三十年的艰苦奋斗，中国经济已与世界经济紧密融合在一起，中国从全球化中既自身受益，也希望广大和中国一样的后发国家能迎头赶上，加快自身发展，提升本国人民的福祉。为此，中国愿意并将成为新全球化引领者和重要参与者，守护世界经济的大船行稳致远。为此，在未来一个时期内，中国应当和其他国家一道，共同做好以下几方面的工作。

一是要提供新全球化的相关制度。制度是行动的规则。在一个人类历史上从来没有过的全球化大家庭中，红黑白黄，来自全世界的国家汇集在一起，自然需要有一些大家共同遵从的制度。二战以来，联合国、世界银行、IMF等作为协调机构，在协调各国的政治、经济方面发挥了重大作用，为人类历史进程作出了巨大贡献。但这一建立于其时其地的全球化协作机制，放到今天已不能完全反映过去几十年间世界发生的重大变化，更不能反映广大新兴经济体国家的利益诉求，需要进行适应性更新。

二是要构建新全球化的协作平台。全球化意味着各个国家通过经贸往来紧紧联系在一起，而且思想相互交流、文明相互融通，这中间当然是既有竞争又有合作，既有风平浪静，也免不了冲突。为此，迫切需要新的合作平台来加强相互之间的沟通和协调。以 G20 为例，基本上包括了当今世界主要的经济体，代表性很强。也只有在类似于这样大的包容性和代表性的新平台上，才能就当前和未来全世界共同面临的问题进行广泛地协商并达成共识，并促成一致行动。以去年 G20 杭州峰会为例，参与国共同认为为推动世界经济早日走出衰退，与会各国应当在加快科技创新化结构性改革、扩大绿色投融资、扩大基础设施投资和反对贸易保护主义等方面共同努力，而且"凡所承诺，定将落实"，为充满不确定性的世界经济注入了动力与希望。

三是要创制新全球化的相关机制。新的全球化不仅需要充分利用和发挥原有的国际协作机制的作用，更需要根据情况变化和新形势的需要，创制出适应新需要、回应新诉求的新国际协作机制。近年来，中国政府提议和倡导的"一带一路"、亚投行、亚太自由贸易区等，一经提出，在世界范围内就得到了广泛的回应和积极地参与。截至现在，参与到亚投行的成员国已有 70

多个，而拟议中的亚太自由贸易区也牵动着全世界的目光。中国政府的"一带一路"倡议正在得到很多国家的热切回应以及沿线国家的积极参与。这说明，中国正在做的事情，符合大多数迫切需要发展和提升民生的国家的现实需要，符合历史潮流，契合现实需要，具有必然性和广阔空间，也是中国在经历了几十年的高速发展和增长之后，反哺世界的良善之举。

历史的确有惊人的相似，但历史也不会完全重演。回顾历史，我们从中得到的重要认识之一是，全球化不可能中断，最多是变化一种发展形式。究其原因，是因为全球化本身并不是由个别国家推动的，而是基于人类社会科技进步、产业变革的必然之举，而是因为市场经济作为一种秩序，一旦展开，就从未主动或被动地回到原点。只要看清这一点，就可明白所谓逆全球化、反全球化不可能成为世界发展的大势和历史潮流，最多是全球化的舞台上更换一批演员而已。中国正走近世界舞台的中央！

冯俏彬

（教授，博士生导师）

第四部分

世界在期待,中国再出发

中华文明究竟要为整个人类承担些什么？

自1840年以来，中华文明和西方文明发生了悲剧性的碰撞。这种碰撞没有把文野之分划得更清楚，反而悲剧性地造成中西和古今之地域与空间文明的僵化对比。这不是我们所期待的文明碰撞结果，但历史无法从头再来。从1840年走到今天，中华文明终于可以理性地筹划自己的未来，重启中华文明当中确实可以对人类有所贡献的文明精粹。

一个被动挨打的弱小文明和民族，常常是在舔舐自己的痛苦中努力争取崛起，基本上没有办法理性地筹划未来，或者挖掘自己传统文明当中有益于人类的因素。我们今天终于告别了被动挨打的悲剧性处境，已经在物质实力上进入世界前列，因此有必要认真考虑源远流长的中华文明究竟要为整个人类承担些什么。

在中华文明天下情怀重新回到现代现场之前，我们前面提到中西文明不是进取性的碰撞和升华，而是变成中西文化的地域文明和文化对抗的悲剧结果。西方人在1500年以来呈现的"现代世界体系"和中华文明长期发展所凸显的"古典天下体系"，两个关于人类社会整体筹划的方案处在鲜明对立的状态。所以，在"中华文明再出发"大命题中讨论中华文明的天下情怀，需要厘清"天下体系"的三层含义。

"天下"首先是中国人认识世界的地域性概念。在今天的分科学术里属于地理学考察的范围。这个地理范围，随着中国政权所达范围的扩大而具有明显的变化。现在申论"天下"，似乎不可能重视这个含义。一般强调的天下"情怀",属于最高精神层面、价值层面的东西。在中间层,"天下"主要是指华族和周边民族的关联圈,这与中国古人立定的天下制度结构相关。在传统文化体系里就是周代的"五服制度"和后来的"朝贡体系",这是由一系列制度建构起来的机制。在今天平等的民族国家之林当中,试图重建一个由中国人绝对占优的世界,把其他文明和民族卷入中华民族的天下"漩流",并认同中华文明的天下体系,这是非常困难的事。但我们的天下"情怀"具有某种超越时代的价值。

为何要重启中华文明的天下情怀

对现代人类而言,无论是从全球性问题或者全球性治理角度来讲,由于长期受民族国家的主宰,环宇之中,保有"天下一家,中国一人"这样的价值情怀的国家不是太多。当然我们得承认并赞扬,当下部分西方国家以及欧洲人有这样的情怀,但近期欧洲人表现这种情怀时遭遇到中东移民的挑战,以至于给欧盟造成巨大的前行障碍。而今天西方阵营中的美国,特朗普显然秉承一种保守主义的传统。不过在美国文化或美利坚文明里,仍然无可怀疑地保有世界情怀、理想主义成分。美国历史明显短暂。如果我们把历史眼光拉长,中华文明的天下情怀最源远流长、最值得重启。

三重因素催促我们重启中华文明的天下情怀。一方面是因为全球问题、全球治理已经变成关键问题。超越国家视野,确立全球眼光变得日益重要。另一方面中国自身扼制了近代以来的悲剧性命运,而对中西文明的碰撞产生新的认知,知晓必须超越中西文化的价值冲突和地域性对抗。中国现代文明走到了站在人类文明门槛面前的关键地步。第三,中华文明在决断自己发展未来的当下,也到了需要重新检视自身文明遗产的关键时刻。

超越地理意义的"天下"概念

中华文明曾经拥有一个天下体系，以地理奠基，以五服、朝贡制度保障，以天下情怀升华。相比而言，基于地域对"天下"概念的建构，既要有继承，更要有超越。很明显，中国古代对天下体系的建构，在地理因素已经有了历史突破。古人常常认为中国就是中原，就是汉族的天下。在中国的边疆理念史上，人们长期认为中原的周边，都是蛮、夷、戎、狄，只有汉族人可称华族。这种地理概念逐渐扩大，中国对东亚甚至东南亚、中亚局部发生重大影响之后，地理意义上的天下概念，已经拓展与"天下"概念原始的地理含义迥然相异的地步。这个结构性突破，是由一个现代性事件所引发的，那就是1840年中国开始"睁眼看世界"，"天下"逐渐变成近代的"世界"、今天的"地球村"。

中国人的"天下"，在地理上是扩展性概念，扩展中浮现不少笑谈。且不说现代中国早期的保守派，就说开明派，在睁眼看世界的时候，曾经闹出惊人笑话。在19世纪后半叶，睁眼看世界的中国先行者、现代文化的开拓者，譬如编辑《海国图志》的魏源，基本上把西方人，甚至接近西方人的中国人，都视为怪物。魏源以奇异的笔触描述基督教信仰者：一个不信教的人走入教堂，服下药丸后，像着魔一样跪在上帝神像面前崇拜信服，父母、亲戚、舅子、老表一概不认……完全把基督教看成邪教组织。实际上，基督教是高度发达的现代成熟宗教。天下概念的地理拓展，随着近代的地理大发现而骤然变化，当时国人的认知出现这样的笑话，不足为奇。今天我们离魏源那个时代过去了两百多年，对当时超出天下的那个地理范围，不会有过多井底蛙见了。

并非对朝贡体系的重建

我们重启中华文明的天下情怀，并非仅仅去重建一个原来以五服体系、朝贡体制为支撑的制度结构。有一种说法，中国崛起一定以美国衰落为写照，或者说东方崛起一定以西方衰落为前提。换言之,当代"以我为主"的中国之世界观及其相应的制度体系,乃是天下制度结构在时下的反刍。这种立于中国历史的现代版天下体系,可不可能将历史上那种恩威并重、道德感化和政治安排在当下重新结合起来呢?很难。从历史的视角看,传统五服制度的地理想象是蛮丰富的,但在五服范围展开的朝贡制度建构,靠的不是一手而是两手:一方面是化外民族对华族文化的自愿接受,另一方面则是军事征服提供的强大动力。仅仅着重前一方面的伸张,并将之视为重建天下体系的精神依托,恐怕与历史事实不相符合。

我们可以重温著名历史学家陈序经的《匈奴史稿》,从中能够获知,汉朝与匈奴争战,失败的匈奴人进入欧洲,让欧洲人感受到黄种人的可怕。这从一个侧面证明了,天下体系建构的武力因素绝对不低于道德感化与文化认同因素的作用。而今靠武力重建天下,无异于痴人说梦。

至于朝贡制度,并非当下国人臆想的那样,是周边国家诚心诚意臣服于中国。周边国家到中国朝贡,常常仅具有中国单方面自认的外人恭敬而来,其实朝贡者甚少这种虔敬。所谓"量中华之物力,结与国之欢心",绝不只是中国支撑其弱国的国家间政治心态,而是中华文明对外体制的核心——只不过它体现为两个面相:在古代,凡是来朝贡的国家,表示你臣服于中华政权,因此可以得到极大的物质馈赠,这是一种朝贡体制的道德感动制度;在现代,中国国势微弱之时,国家需要维持面子心理,因此宁愿向外人让渡利益,从而维持其统治地位。

不过当代国家间的往来,更重视平等交往和利益互惠,这就肯定不是对朝贡体系的当下重建。

克服古代天下传统的弊端

比较而言,传统的天下体系所包含的三方面含义,地理和制度意义上的当代价值已经不太明显。这一体系中真正有益于人类开拓光明的未来,主要是它的精神理念，即天下情怀。中华民族关注整个世界，重视人的价值一致性，所谓"以天下为一家，以中国为一人"，对今天这个纷纷攘攘的世界而言，确实是最可宝贵的理念。以天下为一家，以中国为一人，并不是指天下人都归属于皇族一家，臣服于皇帝一人。相反，其基本精神是"同气相求，民胞物与"。其建立在人的一致性尊严、共同性发展、平等性共享的基础上，就能够具备环宇的感召能量。基于此，中华民族的天下情怀，不囿于举国眼光，而必是全球眼光。换言之，这样的情怀，不仅仅只对中华民族自己具有现实意义，倒是对全球治理具有普遍意义；不仅仅是追求民族文化的独特性，而是要全面放开视野，使全球各国、万国万民，都能同呼吸、共命运。由此便具备超越异质性的民族国家建构起来的对峙性世界体系的可能。

在这个意义上，重启中华文明的天下情怀，主要是要重启中华民族足以矫正现代世界体系冲突机制的宝贵成分。同时，有效克制中国古代天下体系中有"万邦来朝"体现的那种独占鳌头、独领风骚的排斥性观念。如此，中华民族才能真正对人类光明灿烂的未来担负起责任。

任剑涛

（清华大学政治学系教授）

经济全球化背景下的中国改革逻辑

经济增长换挡的同时，我们的思维也需要转换：之前的世界经济规则就是中国的适应目标，现在我们既要继续适应现代开放市场经济体制的要求，又要提出符合自身利益的经济游戏规则，通过合作共赢的方式推向国际。

自2012年以来，我国经济告别了之前30余年8%以上的高速增长期，进入中高速增长轨道。纵观世界，没有任何国家能永远保持经济高速增长，而我国经济在改革开放后保持30余年快速增长，已是举世公认的奇迹。因此在我国人均收入步入世界中等水平之际，经济增长"换挡"是必然的结果。然而，我们同时也不得不清醒地认识到，换挡未必成功，改革尚需努力！

在我国之前，远有巴西、阿根廷，近有泰国、马来西亚等国，都是在经济换挡期之后发展失速，掉入了所谓"中等收入陷阱"。究其原因，主要还是经济换挡虽为必然，但是竞争力换挡、政策思维换挡却未必跟得上。

我国自身面临的经济换挡的原因，其实只需两位诺贝尔经济学奖获得者的名字就能概括。第一位是1979年获奖的阿瑟·刘易斯所提出的"刘易斯拐点"，即一个国家在经济发展初期可以利用其庞大的潜在劳动力从事劳动力密集型产品的生产，在实现经济快速发展的同时却能保持劳动力成本处于较有竞争力的低位。但当经济发展到一定阶段，潜在劳动力耗尽之时，经济增长和劳动力成本之间的关系就变为正相关了，增长带来的不是就业的增加而是工资成本的快速上升。随着拐点的到来，一国的劳动力密集型产业竞争优势也就消失了。目前我国的农村留守老人、儿童问题以及城市中的低技术工种工资的迅速上扬就是我国越过"刘易斯拐点"的真实写照。第二位是1971年获奖的西蒙·库兹涅茨，人们根据他的"发展与不平等"曲线，推导出"环境库兹涅茨曲线"。也就是说一国在发展初期愿意以牺牲环境换取经济改善，即人均收入和环境污染成正相关关系，但是当人均收入达到小康水平后反而会追求环境质量，所以收入与污染就变成了负相关关系。因此当一国跨越"库兹涅茨环境拐点"后，其污染型的采掘、石化、冶金等行业就会背负迅速攀升的治污成本，从而削弱其竞争力。我国民众对PM2.5的关注，宝钢、首钢等大型企业无奈的搬迁，佐证了我国现在也跨越了环境拐点。

正是因为我国面临着跨越"双拐点"后的挑战，所以李克强总理自始至终强调经济转型升级的重要性。无论是"互联网+"还是"大众创业、万众创新"，都是基于我国经济迫切需要转型升级的逻辑。然而逻辑虽然清晰，但是实践却困难重重。按照联合国的标准，自第二次世界大战结束以来，成功地完成经济转型升级，从发展中国家跨越"中等收入陷阱"，成功跻身发达国家的只有寥寥14国而已。我国想要在国际产业链上成功攀升，在资本和技术密集型行业建立自己新的国际竞争优势，不能再简单照搬过去30余年的成功经验，而需要在改革思维上也实现相应的"换挡"：改革不再是简单地释放区域性、行业性的政策红利，而是要在全球视野下考量如何建立开放型的市场经济体系和国际合作机制。转型升级是我们的目标而不是政策手段，市场化与国际化才是我国经济可持续发展的保障。

市场化改革已属老调重弹，那么新加入的"国际化视野"为何如此重要呢？笔者认为，这恰恰体现出本次改革与之前历次改革的关键不同：思维理念换挡。时至今日，我国已成为世界第二大经济体（按世界银行购买力平价估计，甚至已超过美国成为第一大经济体）以及第一大贸易国。2015年我国的外贸依存度超过36%，而美国的外贸依存度则远低于我国。甚至可以说，我国处于全球价值链的中间环节，而美国处于下游，因此"承上启下"的我国经济对世界经济的影响日益明显，大有与美国经济分庭抗礼之势。最明显的例证就是2015年8月下旬人民币展开了一次急速贬值，在一周之内人民币对美元汇率下跌了 3% 以上。原本人们以为快速贬值到所谓的市场均衡汇率，这样既可以挽救处于水生火热之中的出口贸易，又不至于造成长期的贬值预期，导致资本外逃。但是与过去人民币汇率波动不同，此次人民币速贬的结果是汇率市场的波动和不少国家货币应声而贬。

因此，我国的改革思路，既不能因循过往的成功经验，又要拒绝闭门造车，只有在立足全球经贸合作的基础上讨论中国的经济改革才有意义。作为世界上规模最大的贸易国和发展中国家，怎样的开放型市场经济才是我们努力的目标？我国如何在国际合作的背景下推动这些目标的实现呢？

第一个问题其实已有了非常明确的参照标准，即以 TPP 为代表的所谓高水平贸易与投资协定的主要要求。经过 6 年多的谈判，美国主导的 TPP 于 2015 年 10 月正式在包括日本、加拿大、马来西亚、越南等 12 个太平洋国家间签署了部长级协议。因为 TPP 开放的力度和广度远超现在的 WTO，被认为是高水平投资与贸易协定的典范，故而许多学者亦称其为 WTO2.0。按照美国贸易委员会（USTC）公布的协议内容，总结起来，TPP 的主要要求在于货物贸易全面自由化（含农产品贸易），市场竞争规范化（即按美国标准设定知识产权保护、劳工/环境保护标准等），服务贸易全面开放（关键是金融服务领域）以及政府竞争中立，并以透明公平的法律平等对待所有成员国企业。TPP 虽然主要代表了美国的利益诉求，但不可否认的是，它的确称得上是目前国际经贸协定的范本。我国虽不一定会加入 TPP，但是大至 WTO 推动的多哈回合后续谈判、服贸协定（TiSA）谈判，小至我国与许多国家展开的双边自由贸易与投资协定（BIT）谈判，都有与 TPP 类似的要求。因此我国的改革，必定要以适应这些高水平经贸协定的要求为方向。

正如我国历次重要会议中反复强调的，我们将以上海自贸区（以及新的三家自贸区）为试验田，先行先试适应开放型市场经济的改革措施，然后将其改革成果复制推广至全国。因此虽然名为"自贸区"，但是区内改革事实上就是我国未来改革的缩影。了解了自贸区改革的方向，便可以更直观地理解我国改革的逻辑和走向。上海自贸区的改革，明显地显示出了"五化"特性：

货物贸易自由化、服务贸易便利化、投资准入简明化、政府监管中立化、市场竞争法制化。自贸区改革区别于以往的最大要点就在于改革政策并非在竭力"引导"区内的创新驱动和产业升级，而是为良性竞争环境中的优胜劣汰、优化配置提供制度保障。显而易见，自贸区改革的目标与 TPP 的主要要求存在异曲同工之妙。首先在政府职能转变上，自贸区积极实施权利清单、责任清单，其监管模式也继续从事前监管的审批制向事中、事后监管的报备制作积极的转变。政府部门权力清单和责任清单的出台规范了政府行为，减少对市场的过分干预与权力寻租的可能。其次，在货物贸易方面海关对于传统的货物贸易先后出台了数十条便利化措施，实现了海关、安检、商检等 17 个部门的"单一窗口、联合办公"，有效缩短了商品进出口的通关时间，降低了进出口商的通关成本。此外，海关也首次允许在区内展开"离岸贸易"，从而丰富了我国的贸易模式，为贸易创新打下了坚实基础。第三，服务业的开放试点是我国此次自贸区改革的重点之一。比如 2014 年 9 月全球电商巨头亚马逊进驻自贸区，全面展开在华电商业务。自贸区内的跨境电商业务呈几何级数增长，在目前贸易疲弱的背景下，这种增长尤为引人注目。第四，金融改革是本次自贸区改革的重中之重。中国人民银行在 2013 年 12 月 2 日公布了《关于金融支持中国（上海）自由贸易试验区建设的意见》（简称"金融 30 条"）。"金融 30 条"有助于推进人民币跨境使用、资本项目可兑换、利率市场化和外汇管理等四个方面在自贸区内先行先试。2015 年 10 月，在经历了股市汇市大幅波动后，央行等有关部门又推出了自贸区"金改 40 条"，继续坚定地深化金融改革。其中最受市场关注的就是自贸区账户（FTU）。合格的自贸区企业可以通过该账户向海外直接投资或借贷，本外币皆可，从而有效提高了企业的资本使用效率，对企业而言具有重要意义。第五，法律建设是自贸区开放型市场经济改革制度化、长期化的根本保证。当前国际高水平经贸协定中所要求的负面清单已在上海自贸区内修改了 3 个版本，每一个新版本都在原有版本的基础上变得更加简洁、明确、规范，体现出了负面清单对外资管理的便利化和透明化。当然，推行负面清单改革更重要的在于其外延意义。所谓负面清单，即凡是外商的投资没有触及清单条款的，将被给予准入前国民待遇。既然对外资要给予国民待遇，我们首先要对内资（民营企业）取消歧视性政策约束，打破行业准入和经营壁垒。与此同时，我们也必须削减对国有企业的特殊待遇，做到政企分开。负面清单的试行促进了区内公平竞争的市场环境的发育。在此基础上，商务部宣布2018年将实施全国版的负面清单。因此，我国目前正在展开的新一轮国有企业改革与即将实行的负面清单其实在逻辑上是内洽的。在"五化"环境下的张江高科技自主创新园区去年也加入了上海自贸区。高效的政府服务、丰富的融资渠道、严格的法律保障和充分竞争的国际化市场使得张江高科在过去的一年中迅速发展，"双自联动"造就了我国创新驱动的典范区域。

针对第二个问题，我们应该清醒地认识到，作为世界上最大的开放型发展中国家，我们的改革政策不应也不能只盯着国内。第一，作为世界上最大的出口国，面对疲弱的传统市场，除了扩大内需之外我国亟须为自己的商品需找新的市场；第二，作为居于全球价值链中间环节的国家，稳定的能源和原材料的供给对我国国民经济平稳发展具有至关重要的战略意义；第三，我国正在经历经济转型升级的关键时期，需要为我国即将被淘汰的过剩产能（主要集中于低端劳动力密集型产业和重污染产业）寻找合适的转移地点；第四，服务贸易占国际贸易比重越来越大，我国正在积极发展服务贸易，期待建立起在教育、科技、医疗、旅游文化等服务业方面新的国际竞争优势；第五，我国正努力提高人民币国际化地位，因此需要与各国（地区）配合，争取在国际金融和实体资产的交易中更多地使用人民币。

我国提出的"一带一路"倡议，便是服务于以上的经济战略目标。但是要实现"一带一路"的总体设想，除了形成与参与国共赢的预期外，我们也必须要建立良好的参与规则。除了货物贸易自由化、便利化这些传统的WTO措施外，我们同时也需要"一带一路"参与国为我国的投资准入提供法律制度上的保障，为人民币国际化提供金融开放的相关政策，为服务贸易开展做好必要的准入对接和便利，为我国企业在当地的投资和经营提供公平竞争的商业环境和良好的法律保障。而这些诉求在大方向上其实都是与国际高水平的贸投协议要求高度一致的。其主要区别只是在于开放时限和领域的宽松度而已。审视我国，目前能为"一带一路"提供高于 WTO 经济合作规则的地方只有自贸区。自贸区在适应以 TPP 为代表的国际高水平贸投协议要求的同时，已开始将试验成熟的政策规则向全国复制，当然也可以作为我国的规则要求，推向"一带一路"参与国。

经济增长"换挡"的同时，我们的思维也需要转换：之前的世界经济规则就是中国的适应目标，现在我们既要继续适应现代开放市场经济体制的要求，又要提出符合自身利益的经济游戏规则，通过合作共赢的方式推向国际。因此当下的改革需要具有国际视野的大局观：世界的就是中国的，中国的也会成为世界的。

陈波

（自贸区研究院秘书长、上海财经大学教授）

2016 年 6 月

当下中国有着怎样的机会

当今世界究竟"乱"在哪里?

张　健: 要分析中国现在有没有"机遇",首先就要看清今天的世界到底是一个什么样的世界,它到底发生了什么样的变化。目前世界秩序正在发生非常重要的变化,甚至可能是一个新时代的开启。在我看来,这些变化主要表现在以下三个方面:

第一,"西方世界"的概念正在发生变化。以欧洲和美国为主体的西方世界在过去的几十年中都是全球主导性的力量,而现在发生的变化恰恰主要是在这个地区。为什么美国总统特朗普受到这么多的关注?就是因为美国太强了,是当今世界唯一的超级大国。之前,至少在西方人看来,美国是一支建设性的力量。但现在特朗普的美国,至少在欧洲人眼里原本对美国的认定已经有了很大的变化。

我们通常所说的西方世界是建立在一套共同的价值观上的,比如民主、人权、规则等。但近期西方世界的种种变化使人们不禁质疑这些共同价值观是否还存在?比如特朗普竞选之日起就从不谈民主,从不谈人权、规则——他还曾威胁要退出世贸组织。西方概念的存在也有赖于其同盟体系,最根基性的就是跨大西洋同盟体系。过去,这个同盟体系的敌人是谁、盟友是谁、合作伙伴是谁,划分得非常明确。但现在,似乎没有什么盟友之说,只有利益,都只是生意伙伴而已。

第二，在全球范围内，出现了所谓的逆全球化、反全球化浪潮。全球化进程已经持续了许多年，大家对其都习以为常了，觉得这是一个大势。一般认为，这个大势还会继续向前，但是从目前来看，全球化确确实实受到了很大的阻力。如果特朗普强行兑现他的一些竞选承诺，那么全球价值链、产业链肯定都会重构。中国也会受到当前逆全球化浪潮的重大影响，毕竟中国是"世界工厂"。这也说明当前的逆全球化和反全球化浪潮也是全球性的，其影响力不光局限在西方。

第三，就是所谓的民粹主义和民族主义在全球范围内的回潮。如果这种民粹主义、民族主义只发生在一些边缘性地区和小国，局面大体上还是可控的。但是如果西方也这么干，那就很可能会给世界带来巨大的不确定性。

薛　力：特朗普上台之所以被当成2016年最大的"黑天鹅事件"，是因为美国对世界的影响力。

二战后美国主导设计了以联合国为代表的国际政治体系，以关贸总协定与世界贸易组织、世界银行与国际货币基金组织为代表的经济体系，以及它自己为首的、通过一系列军事同盟编织起来的安全体系，以此对世界实施全面而广泛的影响力。特朗普上台对世界政治体系的影响是"美国优先"导致的"政治内缩"，即美国对于充当世界领导、承担责任的意愿在下降。经济方面，特朗普更为注重美国本土的经济收益，特别是"补偿"美国的全球化"受害者"阶层。为此他将会采取一系列措施，包括要求美国公司更多地在本土创造就业机会，而非出于逐利目的进行全球产业布局。他的经济政策影响主要是先进制造业，这些行业利润空间大，可能会因为政府的压力而把生产基地更多地设在美国。中低端制造业不大可能回归美国，而只会从一个发展中国家转到另外一个，比如从中国转到越南、孟加拉国。就服务业与高科技产业而言，美国具有全球比较优势，可能会反对特朗普的经济民族主义政策，因为其他国家的报复措施可能会损害到它们在海外的拓展。安全领域，特朗普会继续奥巴马的"收缩"战略，但做法不同，一方面对军事干预的领域进行压缩，确定尽量少地干预地区与重点议题。另一方面，要求同盟国在安全问题上承担更多的经济与政治责任,即财政上投入更多,同时更多地"站出来唱戏"。

东亚依然是美国全球战略的重心,"制衡中国"的目标整体不变,但奥巴马实行的是从堪察加半岛到达尔文港的"C型制衡",而特朗普将转而推行"点状制衡",即缓和与俄罗斯的关系,促使俄罗斯尽量"中立化",然后通过一些具体议题将制衡政策操作化。这包括四个重要议题,首先是朝核问题与台湾问题,其次是东海问题与南海问题。在朝核问题上,特朗普很可能放弃奥巴马对朝鲜实施的"战略忍耐"而实施"战略压制"乃至"有效打击",因为朝鲜运载技术的进步有可能威胁到美国的本土安全,这是美国所不能接受的。为此,他将会强化与日本、韩国的军事关系,推动美日韩成为事实上的三边同盟。

在欧盟解体问题上,我的看法是,英国脱欧对欧盟的影响有限,如果法国出现了特朗普式的人物执政,才能说欧洲整合进程将被逆转,欧盟有解体的可能。只要"法德轴心"还在,欧洲一体化进程只能说遇到了一些暂时的困难和曲折。

李　巍:要分析最近一段时间以来的乱象,理清特朗普的意图很重要。

第一,在政治和安全方面,特朗普认为为了承担世界警察的角色,美国所付出的精力和金钱过于巨大。因而,他要在安全政策上收缩,包括中东在内的一系列"烂摊子",他都不想管了。尽管很多人讨厌美国这样一个"世界警察",但是如果真的没有了这样一个"老大"来维持秩序和安保,对大家来说也不一定是什么好事。特别是在当前中国对中东石油依赖很高的背景下。

第二,特朗普的美国很显然是要他的盟友更多地承担责任,可以说,至少在今年一年乃至未来更长的一段时间里,美国跟其盟友之间的冲突可能会增加,这对中国来说很可能是个机遇——如果中国能善加利用美国和其盟友之间所出现的裂痕的话。

第三,特朗普现在明确表态,他要减少甚至撤出对全球多边机制的支持,甚至包括联合国,他还威胁要退出WTO。退出WTO是不太可能的,但美国很可能不会再继续当多哈回合谈判的领导者和推动者了。这很难说是中国的机遇。

第四,特朗普很明显要搞贸易保护主义。他要保护美国产业,特别是要采取严厉的措施限制美国的进口,中国是其针对的目标之一。这对中国来说首先是一个挑战,但也可能会成为机会。因为中国也可以利用这个契机调整高度依赖外贸的经济结构,淘汰严重过剩的落后产能,分散对美国市场的过度依赖。

第五,特朗普想要促成制造业回流,或者说是本土主义。美国以前的经济利益是全球性的,例如美国在中国、在日本都有很多经济利益,但是现在特朗普更关注的是美国本土范围内的经济利益。所以特朗普要求把美国在海外的生产线和利益回流到本土,这叫本土主义。这对中国来说很显然更多的是挑战,因为中美在制造业领域的竞争很可能会加剧。不过在这方面,特朗普所设定目标的实现难度很大,因为现在美国最大的问题就是制造业的全面衰落,导致美国的社会结构发生变化。但如果特朗普真的重振了美国的制造业,特别是高端制造业,那将给中国的制造业和产业升级带来巨大的压力。

这是特朗普要做的五件事,无论其对中国是机遇还是挑战,它都会指向一个结果:特朗普与美国建制派冲突的进一步加剧。目前,特朗普正在履行他的承诺,自上台以来他所做的就是他曾经承诺过的,这又是很多专家没有预测到的。现在出现了一个分裂的、混乱的美国,这到底对中国是机遇还是挑战,也需要综合判断。

特朗普同样给当今的国际秩序带来了冲击。有关整个国际体系性的危机,之前我们讨论比较多的是"修昔底德陷阱",即在安全领域的崛起国和守成国之间的冲突。但是最近约瑟夫·奈又提出了一个新的概念,即"金德尔伯格陷阱",指全球的经济治理没有领导者所带来的危机。其背景是:在20世纪30年代世界性大萧条肆虐的背景下,当时的各国没能有效地合作起来应对,最后导致了纳粹德国和日本军国主义的崛起。金德尔伯格认为主因在于英国没有能力扮演世界的领导者，而处于孤立主义状态的美国又没有意愿。约瑟夫·奈认为今天的经济秩序跟20世纪30年代高度相似。在美国进行战略收缩的背景下，金德尔伯格陷阱可能会比修昔底德陷阱更加尖锐地凸现出来。包括民粹主义在内的一系列危机都可能与这个有关系，包括现在出现的逆全球化趋势，都反映金德尔伯格陷阱正在发酵。

乱局之中，中国该如何定位自己？

薛　力：我们都在说当今世界的"乱"，这本身就反映了一点：中国还不是一个世界主导国，整体上还只是一个参与国，美国对于全球的影响力还是占有绝对性优势地位的。在这个背景下，我的判断是中国在可预期的未来，基本上还是以适应这个世界为主。无论是在现有体制内谋取更大的话语权，还是创造新的国际机制上，还是应该以做增量、做加法、做改良为主。中国在某些方面可能会超过美国，但是中国在整体上取代美国在全世界的角色、地位可能性不大。

1949年以后，中国长期把自己定位成一个东亚国家，而改革开放带来的整体实力的明显跃升，为"一带一路"倡议提供了能力基础。而这一倡议的出台，则意味着中国重新意识到自己是亚洲"中心国家"和亚欧大陆东端的大国。这种地理意识的觉醒也导致了中国的整个外交理念发生了转变：不单单瞄准东边和东南边，而是向东西南北四面拓展。

作为亚欧大陆东段大国，中国有必要与大陆西段的欧盟合作，推进欧亚大陆其他地区的发展，把亚欧大陆真正经营成为世界的中心。长期以来，亚欧大陆因为宗教、民族、阶级等原因不断陷于冲突与纷争。近代以来，这给了美国这个世界岛以机会，以其自身实力为基础，通过充当离岸平衡手的角色成为世界权力的中心。现在的情况变了。1840年以来，中国首次有能力、有意愿提出并实施主要针对欧亚大陆的"一带一路"倡议，发达的欧洲通过欧盟推出了主要针对中小企业、基础设施的"容克计划"。两者具有对接的可能与必要性，从而推进亚欧大陆的发展。为此，我给自己首部关于"一带一路"的书籍取名《"一带一路"与"亚欧世纪"的到来》。

我在多个地方讲过，中国在一些指标上超过美国是可能的，但取代美国的全球角色地位是不可能的，中国崛起的指标不是全面比肩、取代、压倒美国，而是作为一极在全球发挥建设性、引导性作用。对世界的领导，在相当程度上是一种文化领导，或曰文化霸权。普世性的领导基于普世性的文化或曰文明。严格而言，世界上不存在普世性文明，最接近普世性文明的是基督教文明和伊斯兰教文明。伊斯兰文明兼容性与开放性不足，对于其他文明吸引力有限，因而不容易产生世界性领导国。基督教文明中，也只有美国有可能成为世界性领导国，而其开放性与对各种文明精英的吸引力也是一大原因。当然还有别的原因。中华文明属于区域性文明，文化影响力主要限于周边若干国家。中国崛起后的国际角色地位，需考虑自己的文明属性。我将专文论述此事。

看清中国崛起的局限和潜力所在，才能确定哪些该做，哪些不该做。在这个基础上再考虑中国的比较优势在哪里，有比较优势的地方可以往外扩，没有比较优势的地方则要适可而止。

张　健：要找准中国的定位，可以从三个点入手。

第一，今天的中国必须要清醒而明确地认识到，自己已经是一个具有相当全球性影响力的大国。现在，中国的一言一行都受到全球关注，包括习近平主席在达沃斯论坛上的讲话，我们的一些内外政策，国外的关注在很多时候可以与对美国的关注相比。我们必须要认识到，外部世界对中国的举动是非常敏感的，特别是在当今这个不确定的世界里。

第二，同时也要清醒地认识到，虽然现在西方世界特别是欧洲有很多唱捧中国的声音，但西方对中国的心态中畏惧和疑虑的方面还是主要的。西方并不希望由中国来主导世界，因为西方觉得中国毕竟还是"异者"。即使最终西方世界能够"接受"中国，接受当前中国的发展模式和文明形态，其过程也将极其漫长。西方世界目前面临着很多的困难，比如难民和移民潮带来的危机，但比起从中国寻求帮助，它们更担心中国会利用当前的乱局"夺权"。

第三，中国对本国所面临的一些问题也要有清醒的认识。目前看来，西方、欧洲和美国出了问题，出了很多"乱"，但这种"乱"从另一个角度也可以被理解为对其面临问题解决的努力。现在特朗普之所以强调美国优先，就是因为从美国人角度来说，这样做具有一定的合理性。欧洲方面也是强调要做好自己的事，它们也认识到自身积累的问题已经太多。整个西方现在都已经开始"回归"内政问题，强调处理好内部事务是首要的，中国作为一个还在发展中的新兴大国更不能对自己的问题视而不见。利用这个机会，中国也应该重新检视自身，看看欧美当前面临的问题，是否也以某种形式存在于本国；不能仅仅因为问题没有暴露出来，就忽视问题本身的存在。

中国面临的机遇和挑战有哪些？

薛　力：中国的目标应该是成为一个世界性的综合大国，而现在的中国还只能说是有世界性影响的地区大国。"一带一路"倡议正是推进中国"大国化"的框架，在这个框架中包含着安全、经济、金融、文化等不同领域的内容。"一带一路"倡议本身的重心在亚欧大陆，一大原因是中国现在的优势是在制造业上。经过了30多年的发展，中国现在有能力、有资金去开发周边。

当今的亚太局势给中国实现上面的目标提供了哪些机会呢？从安全领域来说，中国的机会有限。美国主导的同盟体系还将长期在亚太地区发挥最重要的作用。这个体系是单方面牺牲中国安全利益的，但它至少为亚洲提供了某种意义上的"安全"环境。就目前而言，中国能做的可能还是在局部搞一些功能领域的小多边合作，比如说跟东盟某些国家搞联合军演，比如可以把跟中马之间的双边联合军演扩展到更多的五六个国家。

政治领域，中国目前在亚洲机制建设上的处境还不容乐观。过去几年时间里，中国的经济影响力上升了，但是周边国家对中国的疑虑和恐惧也上升了。在这种情况下，中国想构建以本国为基础的亚洲政治体系，还有许多阻力和困难。

经济领域的机会要更多一些，RCEP 和 FTAAP 可能是中国在贸易领域的主要抓手。在金融领域，亚投行将扩容，其影响力可能会超过亚洲开发银行。

既然周边外交是重点，对周边国家进行分类应对是必要的。比如根据与中国的地缘关系将大周边分为几个区域，然后确定其中的轴心国家、重点国家、大国、小国等。对轴心国家该怎么办，对大国怎么办，对中等国家和小国又该怎么办，这些都需要进行更详细的规划。

总体来讲，目前中国较有优势的还是经济领域，在这个领域还要继续坚定地支持全球化和自由贸易，这也有助于中国树立一个"道德制高点"。目前中国最大的希望在于通过十年左右的建设，把 GDP 总量提升到和美国一样的水平，或者是赶超之。在军事领域，中国希望至少能在局部领域抵消美国的军事优势。但说到要构建取代美国的同盟体系，中国现在既没有这个愿望，也没有这个能力。

李　巍：中国可以在局部领域发挥更大的领导作用，这种领导作用不应该是全面的。要确定具体的领域，就要从分析中国的比较优势入手。

第一，自由贸易领域。中国继续旗帜鲜明地支持自由贸易不但是出于政治上的正确性，更是出于中国的比较优势。大多数经济学家都反对贸易保护，美国国内也有很多声音反对特朗普搞贸易保护主义，因而中国支持自由贸易本身就是不费成本的公共外交。中国的国情也要求其支持自由贸易。中国最大的优势就是人力资源，这种资源必须在开放的经济环境下才能发挥出优势所在。改革开放 30 多年来，中国的发展建设之所以搞得好，就是因为我们的人力资源优势充分发挥出来了。中国还是一个资源比较稀缺的国家，中国的发展需要获取全世界的资源，这也需要一个开放的环境。

第二，基础设施建设领域。过去的 30 多年来，中国干得最好的就是基础设施建设。在获取国际领域的政治话语权之前，中国可以努力先从技术标准入手获取技术话语权。在对外输出基础设施的过程中，确立中国的技术标准，特别是基础设施的技术标准：高速公路的标准，港口的标准，机场的标准，包括高压电线的标准等。事实上美国人也在做这个事情，比如苹果公司就试图用它的标准来统一智能手机等新兴技术领域的技术标准。中国在基础设施领域也应该发挥这类领导作用。

第三，清洁能源领域。现在特朗普的美国在能源和气候变化领域要复兴传统的化石能源，包括煤炭。但是中国还是要在清洁能源方面坚定地往前走，引领全球的清洁能源革命。因为中国面临着比美国严峻得多的环境压力，这种环境的压力也构成了中国在这个领域中做出革命性成就的动力。最近看到数据，中国的光伏装机容量已经是世界第一。也就是说在光伏领域，中国的技术水平已经处于世界前列。清洁能源技术的推进也可以为中国在清洁能源领域制定自己的标准奠定基础。

张　健：在当前这个乱象丛生的世界，中国更要看清楚哪些是机遇，哪些是挑战。

在机遇方面，有这样几个：第一，中国对外合作的阻力总体来讲可能会相对要变得小一些。我们对邻国政策，我们跟欧盟的、跟其他国家的一些合作，可以暂时不受美国因素的影响。跟美国之外所有国家合作的阻力总体上是在减少，因为以前美国的干预很多。而且，现在许多国家都担心美国下一步的举动会损害他们的利益。比如说墨西哥现在就很着急，如果北美自由贸易协定（NAFTA）被废掉了，它必然要找别的出路，欧洲和一些亚太地区的国家也是同理。"一带一路"肯定会有一些新的机会，因为在不确定性增大的世界里，"一带一路"好像还是一个实实在在的东西。第二，当前的乱象可以刺激我们的经济社会转型，这是中国化危为机的一个很重要的方面。第三，当前的乱象有助于推动形成一个新的国际秩序。因为现在这个世界已经乱套了，没有规矩了，没有领导了。美国以前是一个事实上的"领导"，但现在它要"撂挑子"。在这个方面，中国还是可以有一些作为的。第四，可以抓住美国战略大转向的机会，重新定位中美关系。中美现在对抗性比较突出，但也不是说完全没有机会形成一种新的中美关系。

挑战也有四点：第一，特朗普上台带来的不确定性，中美可能的一些冲突、对抗。第二，中国的对外开放可能会受到更多的阻力。中国的投资、外贸都可能会有新的变数。中国的出口可能将承受更多的压力；中国的一些投资，特别是在欧洲和美国的并购，尤其是在高科技产业领域所遭遇的阻力也许会更大。第三，地区的安全问题。因为特朗普的一些政策可能会带来亚太地区安全形势的大变动，特别是东北亚的。第四，恐怖主义问题和中东局势。特朗普竞选言辞中反映出的中东政策还是比较激进的。中东本来就已经很乱了，他可能会把中东搞得更乱。这很可能会使全球反恐局势更加严峻，并威胁到中国的能源安全。

李　巍：中国在全球治理和外交思想上要避免两个陷阱。我刚才说的修昔底德陷阱和金德尔伯格陷阱是全球秩序上所面临的两大陷阱。具体到中国的外交，则存在着"威廉二世陷阱"和"威尔逊陷阱"，如果能克服这两大陷阱，中国就有很大机会实现其所设定的对外战略目标。

第一，"威廉二世陷阱"，出自德意志第二帝国兴起和衰落的历史。当年的德国过度地设定超出国家实力的目标诉求，最终导致了一战的败局。比如说当年的德国和英国进行殖民地竞争、海军竞争等，说白了就是战略上的过度扩张。

从这个角度来说，我一直主张中国的战略仍然应该是深耕周边地区。"一带一路"的重点区域应该限制在大东亚和中亚地区，在中东地区则应该谨慎行事。东亚、东南亚地区应该是最主要的方向，然后才是中亚，例如巴基斯坦等，非洲、拉丁美洲、欧洲则应该被放在更次要的位置上。

第二，"威尔逊陷阱"。历史出处是威尔逊总统希望美国能够在一战之后发挥领导性的作用，但是他提出的一些理念超出了当时国际社会的接受程度和美国国内社会能接受的程度，因而遭到了失败——尽管后来富兰克林·罗斯福总统把威尔逊提出的很多原则都实现了。中国要避免"威尔逊陷阱"，就是指中国参与全球治理或者制定外交大战略时，所提出和依据的理念不能超越当今国际社会和国内社会的接受程度太多。现在国内对中国的援助计划有不少的不同意见,就是国内社会现在还不能很好地接受中国在国际社会中扮演更重要的角色,特别是在对外援助方面扮演更重要的角色。

在这种情况下,为了超越"威廉二世陷阱"和"威尔逊陷阱",我认为在地域上,中国应该继续保持东亚和东南亚作为中国的战略核心区域,不要过度地超越这个区域。中国首先应该尝试在这个区域扮演一定的领导角色,以贸易、投资和货币等手段领导东亚的经济整合,这是当前的重中之重。

面对"特朗普冲击",中国也不要轻易地去谈机遇——甚至还出现了"特朗普机遇期"这样的说法。中国自身也面临很大的问题,而且问题来得不比美国少。现在人民币贬值压力巨大、人口的老龄化等,其严重程度不容忽视。现在,主要的经济体都面临着严峻的考验,所以现在的国际竞争就看谁能最先从这个乱局当中恢复过来。特朗普最多执政八年,这只是历史的一个瞬间。特朗普可能会给美国带来变化,但这种变化可能会是"创造性的破坏"或者说是"破坏性的创造"。根据美国经济学家曼瑟·奥尔森提出的一个理论,一个国家要想持续发展,需要每隔一段时间出现一股破坏性的力量把既有的利益集团打碎。他认为二战以后德国和日本的经济发展比较好,就是因为二战把德国和日本的国内利益集团全打碎了。英国、美国这些国家为什么二战以后经济发展速度慢呢?因为长期的利益集团固化。如果特朗普真的像美国当年的进步主义运动一样,把整个美国的既有建制派力量全都收拾一遍,搞一个"破坏性的创造",就有可能使特朗普之后的美国重获新生。

中国该怎样抓住当下的"机遇"?

张　健: 为了应对当前的国际乱象,趋利避害,中国可以从以下几点入手。

第一,要继续推动合作,促进双赢。就目前暴露出的信息看,特朗普的思维模式有鲜明的"零和"色彩。在这种情况下,中国强调合作和双赢就能自然而然利用一些新出现的合作空间。比如当前的中欧合作就存在着比较大的提升空间,因为当前的乱象给欧洲带来的冲击很可能比给中国带来的还要强烈。欧洲以前对美国的依赖性很强,现在却突然发现其周边的问题——包括俄罗斯问题都要靠自己解决了。当然现在还要观察特朗普会不会实打实兑现他的竞选承诺。从目前来看,特朗普做的跟以前说的没什么区别。未来会怎么样,欧洲人是忧心忡忡的。大西洋对岸出现了一个公开支持欧盟解体的美国总统,这在过去是不可想象的事。在这样的情况下,欧洲人对进一步发展与中国的合作关系就有了更多的期待。美、中、欧、俄四大力量,在欧洲人眼中俄罗斯是个"只能坏事的破坏者",而跟中国或许还能合作做一些事情。欧洲虽然受到了很大的冲击,但依然很有实力,在中国之前的发展、改革中,欧洲发挥的作用也不小。

之前中欧双方的合作基本上还局限在经贸关系,存在着一些合作的"禁区"。安全,特别是防务上的实质性合作很少,最大的掣肘就是所谓的"欧美一体"。在防务装备技术贸易以及亚非拉等地的海外利益共同保护领域,中欧合作还有很大的提升空间。之前中欧合作的另一个"禁区"是建立双边的自贸区,在TTIP搁浅的情况下这个"禁区"也出现了被突破的空间。全球治理领域也存在中欧合作继续提升的空间,比如环境保护、气候变化、全球发展、难民问题、反恐以及互联网、太空等领域。欧洲人热衷于全球议题,但苦于实力不济,中国可以在一些议题上成为欧洲很好的合作伙伴。

第二,在对美政策上,中国可以加强和有关方面的协调,比如加强与欧洲的协调就是一个很好的突破口。以前都是欧洲和美国协调其对华政策,但现在面对共同的风险和不确定性,在推动美国形成"理性"的对外政策方面,中国和欧盟至少也可以加强交流对话,共同"劝说"美国不要搞得过火,至少要担负起一些国际责任。

比如有关贸易保护主义的议题,最近欧洲一些领导人都放了一些"狠话",说美国如果敢实行贸易保护政策欧洲就要"以牙还牙"。特别是德国,前几天还被美国点名了,说它搞汇率操纵,给美国带来了巨大的逆差。在这一点上中国和德国的立场相似，德国对外贸易顺差世界第三，我们世界第一。所以说，德国对美国有忧惧，对其他立场相似的国家——包括中国是抱有期待的。除了贸易保护的议题以外，欧洲和中国还在很多问题上立场相似，比如气候变化、国际机制构建、国际规则的维护、伊核协议等。从之前的竞选言辞上看，特朗普在这些领域的立场与中欧双方都存在分歧。

第三，中国要保持战略定力，要冷静，要有所为有所不为，不能为外面的声音所左右。中国可以唱一些"高调"，但是要避免产生"领导世界"的想法，现在的中国既没有这个实力，也无法获得有关方的信任。

第四，还是要做好自己的事，这是最重要的、根本性的问题。西方世界是很明白这个道理的，如果自己的发展都不好，还谈什么榜样和领导？让西方世界接受中国的发展模式还需要很漫长的历史过程，所以中国现在最应该做好自己的事，力求通过实实在在的发展成果来发挥"榜样"作用，事实胜于雄辩。

李　魏：当前的中国最应该先做的，就是推动和各方的自由贸易区（FTA）谈判。自由贸易是中国应该一贯支持的，但现在全球多边框架内的多哈回合谈判中国可能难有作为，FTA就成了促进中国对外贸易的很好抓手。第一，对加拿大。现在该国对美国的担心甚于我国，因为特朗普说要修改甚至废掉NAFTA。第二，力促中日韩FTA出现实质性的进展。中国应该明确对日本的战略定位，明晰到底应该是争取日本还是把日本设定为战略对手。我认为在经济上还是要把日本拉到中国这边来，应该劝说日本在TPP生死未卜的情况下重新回到中日韩FTA的框架上来。第三，加速推进与海合会的FTA谈判。第四，应该克服当前存在的巨大障碍，加大推进和中亚FTA的力度，争取俄罗斯把调门很高的与中国的合作落到实处。第五，对蒙古国，这是中国的邻国，但中国居然没有和它进行FTA的谈判。

在权衡各个区域的战略资源投入时，中国还是应该更多地关注东亚和东南亚地区。中国的"生意"遍布全球，但大东亚地区仍是中国的地缘政治"后院"，如果连"后院"都不稳，中国在全球范围内的作为也很难走远。

比如说推进中南半岛的互联互通就是一个很好的入手点。中南半岛国家的经济基础相对来说比中亚和中东地区要好一些；在文化上，中南半岛国家以佛教为主；在地理上，中南半岛和中国接壤。如果能推进在中南半岛的基础设施建设，把中国经济基础比较好的南方地区与其相连，就能够极大地增强中国对这一区域的经济辐射作用。对中南半岛的国家，中国可以在某些方向上做一些让步。中南半岛应该成为"一带一路"的重点，这在经济上、政治上都是收益颇丰的。

薛　力：新一届中国政府确定并戮力实施"一带一路"倡议，旨在以此推进中国成为综合性全球大国的进程。无论有没有"一带一路"这个名称，中国现在在这个名目下所做的事情，整体上是适时与必要的。古人云："过犹不及"，因此，重要的是把握实施的"度"。中国现在在海外的投入整体上还在国力所能承受的范围，但依然有必要警惕与防止在海外过度投入、过度拓展。比如拉美和非洲就不应该被列为重点"一带一路"实施的重点区域。而比较适当的做法是，在这两个区域选择某几个重点国家或者重点领域进行合作。

作为大国，中国有一定的责任带动周边发展，带动周边也是中国自身进一步发展所需要的。这大概是"周边外交"成为中国外交新的重中之重的原因。中国周边国家数量众多，俄罗斯、巴基斯坦以及中亚无疑是合作的重点国家与地区，但从经济潜力看，东盟很可能排在首位。韩国与中国的合作受到韩美军事关系的掣肘。从长远来看，中日会走向合作，但在可预见的未来，"经温政冷"的局面将维持。中日韩自贸区在安倍时期很难搞成。日本正在一心一意追求国家正常化。安倍领导下的日本对于"一带一路"的唯一兴趣点是：与中国较劲。针对亚投行成立，日本推出1100亿美元的亚洲基础设施建设投资计划。然后在不同国家与中国展开竞争：或者争夺项目，或者在中国开发的项目附近搞一个类似的项目。日本知识界对"一带一路"的反应也很有意思。以做事认真细致著称的日本，却找不到几个研究"一带一路"问题的学者，这是一件很让我吃惊并感到遗憾之事。说明日本知识界整体上对"一带一路"

的排斥与漠视已经到了非理性的程度。我想借《世界知识》对日本学者说一句："一带一路"已经成为外国人了解中国的关键词，从长远来看，中日还是要走向合作，为此，日本知识界有必要大力强化对"一带一路"的研究，以便为后安倍时期的中日政治经济文化合作奠定研究基础。

中国在建设"一带一路"的过程中，也要不断反思、总结、提高。中国是大部分东盟国家最大贸易伙伴，但一些东南亚国家对于"一带一路"热情不够，比如，越南官方迄今没有表态支持"一带一路"，只是说需要了解更多的信息。印尼的海洋轴心计划（Global Maritime Fulcrum）与"海丝"建设有很大的兼容性，但迄今为止对于两者的对接热情不足。缅甸、泰国乃至柬埔寨民间对中国的好感在下降。中国需要仔细分析产生这些现象的原因，并进行有效应对，以切实推进"一带一路"建设。

中国坚信非和平崛起不具有可行性，因而致力于和平崛起，这一点显著不同于历史上的"崛起国"。历史地看，中国并没有领土扩展的野心。过去几十年，中国在解决领土争端的过程中，通常对周边国家有所照顾，这是麻省理工学院傅泰林（Taylor Fravel）博士在一本专著中的研究结论。那么，为何周边国家过去几年对中国的好感依然下降？主要是两个原因：南海争端，让普通民众有感的"民心项目"太少。南海问题已经成为周边国家特别是东盟国家观察中国崛起过程中外交走向的一个风向标，它们很少关注中国在南海争端中克制的一面，而高度关注中国在南海"进取性"的一面。基于此，如果声索国之间不能把南海争端转为彼此间关系的黏合剂，东盟很难成为海上丝路建设的枢纽。中国作为最大的南海沿岸国，是时候在推进南海争端解决进程中扮演引领者角色，即牵头设计出一套能为各个声索国接受的争端解决机制。而"民心项目"不足，是许多国家走出去初期的必然现象。通过大约一代人时间的努力，这种现象会改变。但中国发展快，影响大，没有时间慢慢来。既然发现了问题所在，尽快加以改变是必要的，也是可能的。通过一些事例，让周边国家切实意识到，中国是可以信任的仁厚兄长，这是中国崛起过程中必须经历的一个环节。"通过强硬手段立威"是许多人的主张。

笔者认为，在有竞争者的情况下，这种做法效果并不好，不宜多用。毕竟，周边国家多是中国争取的对象，而不是打压的对手。

张健

（中国现代国际关系研究院欧洲所所长、研究员）

薛力

（中国社科院世界经济与政治研究所，国际战略研究室主任、研究员）

李巍

（中国人民大学国际关系学院副教授）

吴孟克

（《世界知识》杂志编辑、记者）

从"走出去"到"走进去""走上去"

2015年中国对外非金融类直接投资创下1456.7亿美元的历史新高,同比增长达18.3%。截至2015年末,中国对外直接投资存量首次突破万亿美元大关。2016年上半年则涌现出几桩重磅交易——包括海航集团旗下天津天海60亿美元收购美国英迈,美的集团拟40多亿欧元控股德国工业机器人企业库卡,以及中国化工430亿美元收购瑞士先正达获得批准。在过去十年间,我们看到中国对外直接投资规模扩大了近10倍,赴海外投资主体、投资领域和投资目的地愈发多元化,种种迹象表明中国企业在全球化发展进程中迈入了一个新阶段。

"全球化"是企业或其他组织提升国际影响或开始在全球范围运作的过程,也是因为世界观、产品、概念及其他文化元素的交换,所带来国际性整合的过程。18世纪中期的英国工业革命以来,新式交通工具的发明,通信技术突飞猛进的发展,教育水平的普遍提高,国际贸易的便利化,各个领域国际协定的签署……使全球化从涓涓细流成为不可阻挡的滚滚洪流。

西方学界普遍认为1492年哥伦布的"地理大发现"是全球化的起源,然而,如果把目光投向更深远的历史记载,不难发现,中国曾是全球化的主要参与者与推动者——早在西汉时期,张骞通西域,开辟了通往欧洲的"丝绸之路";唐朝的都城长安,是一座国际化的大都市,鼎盛时期城中150万人中三分之一是外国人口;唐宋之后"海上丝绸之路"逐渐兴起,不但联通了中国与60多个国家的直接商贸往来,还在沿线多个国家及欧洲各地掀起了"中国热"。

在明清封建时代末期漫长的闭关锁国之后，新中国成立了，借着改革开放的东风，中国再次回到全球化的舞台。1979 年 8 月，国务院颁布的 15 项经济改革措施中，明确规定允许出国办企业。1979 年 11 月，京和股份有限公司成立，这是改革开放后我国在海外开办的第一家合资经营公司。

全球化大势，顺之者昌，逆之者衰。中国是全球化的重要受益者：改革开放政策允许外资"走进来"，通过"三来一补"发展了大量劳动密集型加工业。2001 年加入世界贸易组织是我国更深入地融入经济全球化进程的必然选择，开启了对外开放的新时代：全球化下的大多数中国企业不仅没有被冲垮，反而越来越多地走出国门，走向国际市场。入世后的中国经济发展也引人瞩目：2010 年跃升为世界第二大经济体，2013 年成为第一大贸易国，2015 年人均 GDP 增长近 7 倍。

但是我们也看到，在 2008 年的全球金融海啸之后，全球化进程有所减慢。据世界贸易组织统计，2014 年全球贸易总量较上一年仅增加 2.8%，是四十年来首次低于全球 GDP 增速。G20 国家出台的贸易保护主义措施从 2010 年末的 381 项增加到 2015 年末的 1441 项。2016 年 6 月英国去留欧洲公投中，支持脱离的投票者以过半数的优势胜出；同年美国大选中，共和党、民主党候选人更是反对被认为是促进亚太地区贸易自由化的 TPP。

笔者认为，这些看似令人担忧的事件主要是伴随经济周期波动的暂时现象，并不代表全球化的长期趋势。全球化有三个重要的组成要素，第一是科学技术的迅猛发展，这是全球化的动力；第二是跨国公司的全球投资和贸易，这是全球化得以实现的载体；第三是全球范围内的产业结构调整和产业转移，这是全球化的实质和目的。三大要素的基础并没有动摇，因此全球化的过程还将持续下去。

企业是经济全球化最有活力的主体，中国企业目前正处在西方跨国企业曾经走过的全球化历程中。关于中国企业全球化，时不时能听到批评的声音，例如自主创新能力不强，核心技术受制于人，利润率偏低等。作为中国企业"走出去"的见证者和孜孜不倦的倡导者，我认为中国企业全球化发展初期，虽有种种不足，但大势不可阻挡，并将呈现出以下趋势。

第一，中国企业"走出去"规模还会快速增长，预计到"十三五"期末，我国年对外直接投资额还会在现有基础上实现翻番，达到2500亿—3000亿美元，"十三五"期间累计对外直接投资额达1.1万亿美元。过去十年，中国非金融类对外直接投资额已从2005年的122.6亿美元增至2015年的1214.2亿美元，扩大了近10倍。2016年1—9月，中国对外直接投资额达到1342.2亿美元，比去年同期增长了53.7%。

支撑这一高速增长的因素包括三个方面：首先，当前商业环境要求中国企业具备全球视野，"走出去"在全球范围内进行资源配置和市场开拓；其次，国家相关部门持续推进境外投资便利化，实行备案为主的管理模式，积极搭建对外投资平台，加大投融资支持力度，加强对企业开展对外投资合作的国别环境指导；再者，"一带一路"建设为中国企业"走出去"打造了新的载体，配合企业产能转移的需求，在帮助沿线欠发达国家跨越经济发展鸿沟的同时，实现了生产要素成本的降低。

第二，中国企业全球化发展将推动我国产业转型升级，从"制造大国"向"制造强国"发展。加入世界贸易组织以来，我国在提升出口商品技术含量和附加值方面下了很大功夫。2001—2016年十五年间，在我国货物出口贸易额中，高技术含量产品的占比从17.5%提高到约30%，其中技术含量较高的机电产品所占比重则由44.6%提高到近60%。

2016年5月，美的向德国机器人公司库卡（KUKA）发出收购要约，计划通过库卡在工业机器人和自动化生产领域的技术优势，提升生产效率并推动制造升级。类似的，2013年万向集团收购美国电池生产商A123，获得了锂电池生产的核心技术，推动其在新能源领域的发展。这些例子说明，中国企业正在通过全球化发展获取高端制造业的专利和核心技术，将有利于推动我国向"制造强国"迈进。

第三，中国企业全球化布局将愈发多元化，稳步地向成为"全球企业"迈进。在过去一二十年的"走出去"探索中，中国企业通常追随市场、资金和资源，前往一些较"热门"的投资目的地，当前它们当中的先行者已经完成了对成熟目的地的布局，正进入相对陌生的前沿市场，呈现出全球布局越发多元化的景象。

例如，华为在1997年走出国门，目前已在160多个国家设立分公司或代表处，并在世界各地构建了16个研究所，28个创新中心，45个产品服务中心；雇佣的15万名员工中有4万多人为外籍，超过一半的销售收入来自海外市场，已经成为一家名副其实的"全球企业"。又如，海航集团旗下已囊括分布在5个大洲14个国家的30多家境外企业，截至2015年集团15%的资产、24%的收入来自其海外公司。未来，中国还将有更多的这类全球性公司诞生。

第四，中国企业将通过全球化发展向价值链上游迈进，整合技术与品牌优势，获取更高的附加值。宏碁集团创始人施振荣先生曾提出著名的"微笑曲线"理论——由技术、制造、品牌等环节组成的微笑曲线表示全球价值链的分工，其中曲线两端的"专利、技术"及"品牌、服务"环节往往包含了较高的附加值，而位于曲线中段的"组装、制造"环节则附加值较低。在上一次全球产业分工转移中，我国很多企业正是凭借劳动力、土地等生产要素的成本优势，成功进入全球价值链中的制造环节。但近年来，我国企业在制造环节的传统优势正逐渐减弱，劳动生产率增速放缓而工资水平快速提高压缩了企业的利润空间。许多中国企业选择通过"走出去"实现"引进来"，提升技术与品牌，向"微笑曲线"两端转移，以获取更高附加值。

2012年三一重工对德国普茨迈斯特公司（Putzmeister）的收购，将核心技术和品牌收入囊中，一举改变全球行业竞争格局。2008—2013年，深圳迈瑞公司完成了对美国Datascope公司监护业务、ZONARE集团的并购，获得了监护仪、医学影像领域两大著名品牌与相关知识产权，加快了在高端市场产品的研发，服务于国内和国际市场。

第五，中国企业"走出去"的本土化经营水平将持续改进，企业社会责任承担将做得越来越好。早期"走出去"过程中，许多中国企业忽视了投资目的地的文化差异、经营环境等本地化因素，付出了昂贵的学费。例如上汽集团 2004 年入主韩国双龙汽车后，始终无法消除与工会隔阂，终因劳资矛盾激化而宣告失败。这些教训对后来者很有价值，现在我们看到越来越多的中国企业在海外并购或绿地投资中提高了对本土化经营和企业社会责任的重视。

联想集团、万达集团、福耀集团在并购海外企业后，均采取了本土化的人力资源策略。其中福耀集团在 2014 年收购美国芒山工厂之后，基于尊重美国制造业工会文化考虑，保留了工厂工会，尽管并购协议允许关闭工会。2015 年，福耀投资美国俄亥俄州代顿地区后，向当地大学捐赠 700 万美元支持研究，这就不难理解为何当地政府要将一条公路命名为"福耀大道"。东莞的华坚集团在进入埃塞俄比亚伊始便以东道国的本土企业定位，2012 年建厂之初就确定了依靠本地人才发展的计划——工厂开工之前派出 200 多名埃塞大学生前往东莞工厂培训，如今工厂规模已扩大到 5000 多名雇员，但只有 140 多人是中国籍雇员。这样做不仅创造了大量就业机会，也带动当地制造业的提高，受到东道国政府和当地人的肯定与欢迎。

总体而言，笔者对中国企业全球化发展持乐观态度，但从"走出去"到"走进去""走上去"将是一个艰苦漫长的过程，然而全球化的大势不会逆转。对于众多期待跨出国门的企业来说，了解不同领域、不同行业企业在海外投资、经营以及与利益相关者互动的经验十分重要。希望中国与全球化智库（CCG）在研究分析大量中国企业国际化案例的基础上编撰的这本《中国企业全球化报告（2016）》，能对"走出去"和拟"走出去"的中国企业提供一些参考与帮助。

龙永图

（中国与全球化智库（CCG）主席）

中国企业全球化的创新挑战

2015年9月9日至11日,2015年世界经济论坛(WEF)新领军者年会将在大连召开。这已是该年会第九次在中国举行,今年的主题为"描绘增长新蓝图",来自全球多个国家和行业的政商学界代表将共同探讨如何创新思路,应对全球增长面临的挑战。

人们惯称为"达沃斯"的世界经济论坛对中国有着独特的意义,被惯称为"夏季达沃斯"的新领军者年会每年9月固定在中国的两座滨海城市——大连和天津——轮流举行,一方面凸显了新千年后世界对于中国的高度关注,另一方面也体现了中国对外部世界的开放意愿。

近年,每年冬夏两次的"达沃斯"成为中国领导人定期向世界发声的平台。在2015年1月举行的"冬季达沃斯"上,国务院总理李克强用滑雪比喻中国经济,表示中国经济不会出现"硬着陆",并首次提出"双引擎"概念:一是打造新引擎,推动大众创业、万众创新;二是改造传统引擎,重点为扩大公共产品和公共服务供给。

自20世纪70年代初创立以来,世界经济论坛这一非政府组织在全球治理中做出了独特的贡献。不过,在近年,西方不乏对其已变为一个"清谈俱乐部"(talk shop)的质疑。但这或许更多反映了人们对手握权力、财富及话语权的全球领袖们在解决全球性问题上行动迟缓的不满。

而对于中国这样一个过去与世界联通及各界间沟通相对匮乏、对西方式的直面问题和辩论仍"不太习惯"的转型国家来说,它无疑仍将继续发挥巨大作用。

"达沃斯"也越来越成为一个高度活跃的全球性社区。来自全球各国的专家、领袖通过各领域的全球议程理事会闭门商讨全球性问题的应对方法；年轻领袖们则通过全球青年领袖和全球杰出青年两个社群，以更紧密地沟通加速接过全球未来领袖的"指挥棒"。"达沃斯"不再只是一个一年两次的大型会议。

随着中国议程在世界经济论坛中日益重要，其中国团队也在越来越积极地参与中国的公共议程，于近年先后发布世界经济论坛中国项目系列报告——《中国企业全球化最佳实践》。该系列报告的前两期分别关注"全球企业公民挑战"和"应对运营挑战"，2015年的第三期（下称"报告"）则聚焦中国企业全球化的创新挑战。

该报告由世界经济论坛与思略特咨询公司（Strategy&）联合开展，在为期一年的时间内，走访调研了中国120家全球化企业，其中半数以上受访企业属于中国企业"走出去"队伍中的领军企业。

从"中国制造"到"中国创造"，创新已成为中国企业海外拓展过程中的核心战略。"在中国企业走向国际舞台的过程中，创新与全球化这两大因素紧密联系并相互辉映。"从世界经济论坛中国区执行董事位子上离任、重返瑞士总部的施力伟（Olivier Schwab）在介绍该报告时表示。

本文将摘取该报告部分内容，透过中国企业的全球化进展，管窥中国融入世界的进程及挑战。

全球化升级

中国直接对外投资（ODI）近年增长显著，根据中国商务部的数据，中国直接对外投资额2012年为880亿美元，2013年增长至1080亿美元，2014年该数字达1160亿美元。

中国政府仍在不断推出各类政策，推动中国企业走出去。一方面，持续推进与主要国家和地区的双边多边合作：在 2013 年，中国提出了"孟中印缅经济走廊""中国巴西经济走廊""丝绸之路经济带"和"21 世纪海上丝绸之路"等新型合作框架。另一方面，中国携手其他国家陆续成立了相应的专项开发性金融机构，以筹集资金用于国际经济合作和对外投资，其中包括 2007 年设立的中非发展基金，2010 年设立的中国—东盟投资合作基金，以及正在落实最后的筹备工作的亚洲基础设施投资银行。

在此背景下，"中国企业谋求全球化发展的工作重心正在发生变化"。报告发现，中国企业不再只重视资源和市场，开始更多注重技术及人才，通过收购或并购处于海外高附加值行业的企业，提升自身的创新能力，从而推动企业走上一条可持续的全球化发展道路。

随着国内外市场中的竞争日益激烈，为了满足客户需求，中国的全球化企业不仅在产品方面积极创新，还越来越多地在服务、技术和业务模式（包括管理流程和管控模式）方面开展创新。

全球跨国企业高管普遍在调研中表示，中国企业过去只是在某些产品上具有竞争力，但近年来，随着它们开始围绕服务和业务模式开展创新，中国企业在创新方面的影响已经不容小觑，跨国企业在国内外市场中均面临中国企业创新带来的强有力挑战。

报告举例称，海尔将业务模式创新作为其过去几年中的工作重点，东软则注重技术和产品的双重创新，其最近推出的全新医疗平台不仅仅是简单的 IT 技术创新，还是一种新的合作医疗服务模式的创新——旨在通过连接起基层医疗机构、大型医院、消费者等相关主体，打造新的健康医疗服务生态系统。

在中国企业全球化升级的过程中，海外创新渐成核心战略。调研显示，78% 的中国全球化企业通过达成战略联盟方式拓展海外创新，46% 的企业采用海外收购并购的手段。而除了这两类传统的手段，34% 的企业正采用内生式的发展模式，如搭建海外研发中心网络。

报告发现，中国全球化企业中的领军者对在海外市场进行产品和业务模式创新的重视程度高于中国市场：重视海外市场产品创新及业务模式创新的领军企业比例分别为 90% 和 81%，高于重视国内市场产品及业务创新分别为 84% 和 77% 的比例。

创新模式演变

根据思略特咨询公司每年的"全球创新 1000 强"研究，企业的创新战略大致可分为三类，需求搜寻者、市场阅读者和技术推动者，每类企业都会采取不同的方式来管理其研发流程以及与客户和市场的关系。

技术推动者通过新的技术突破和技术本身的持续改进实现创新，与客户的直接交流较少，代表企业包括谷歌、西门子公司。市场阅读者则通过持续改进已有技术产品来提高产品价值，其创新源于市场，对于竞争对手与客户予以同等的关注，代表企业包括三星、伟世通（Visteon）公司。需求搜寻者则立足发掘客户需求并进行相应创新；尤其是在发现客户未阐明的需求后开展相应创新，代表企业包括苹果、百得（Black&Decker）公司。

调研发现，在国内市场中，29% 的中国全球化企业属于采用需求搜寻者战略的先行者，23% 的企业属于采用市场阅读者战略的跟随者。由于中国市场存在激烈的竞争，在国内市场中采用需求搜寻者创新战略、主动发掘未满足的客户需求的中国企业比例高于 27% 的全球企业比例。

不过，在海外市场中，38% 的中国企业采取了市场阅读者战略，25% 的企业采取了需求搜寻者战略——跟随者的数量明显超过先行者。作为国际舞台上的后来者，中国全球化企业无疑倾向在海外市场中采取比在国内市场更为谨慎的策略。

而技术推动者战略无论是在国内（48%）还是国际（38%）市场中，都是中国全球化企业的重要选择。这一选择表明，中国企业正在大力投资开发先进技术。

长江商学院市场营销学教授，世界经济论坛中国理事会理事朱睿在世界经济论坛网站最新的一篇博客文章中举例阐释，中国企业在抓住空白的消费市场方面还有很大的空间。

熟悉奢侈品销售的人都知道,如果将奢侈品"贱卖"会对这些品牌不利。一个名为 Gilt 的美国电子商务网站正是以此为切入点,每日都有定时闪购活动:面对有限的购物时间、款式、数量和尺寸规格,消费者不得不迅速决定是否购买。大多数闪购的消费高峰是活动开始的第一个小时。

这种购物模式的创新之处在于,它过滤掉了富有的高端消费者,因为他们一般都没有时间在闪购开放之时登上该网站,精挑细选地比价决定是否购买,这间接地保护了品牌形象。就这样,Gilt 找到了追求名牌却没有相应消费能力的买家这一空白市场。如今 Gilt 成绩斐然,已拥有 800 万活跃用户。

海外创新最优实践

总结中国全球化企业中的领军者在国际市场竞争中保持创新活力的经验,报告提出四项值得所有中国全球化企业借鉴的措施:制定正规、标准化的创新流程和体系,建立本土化的创新团队,充分授权海外创新团队,培育创新的企业文化。

在制定正规、标准化的创新流程和体系方面,报告举例称,华为为其全体软件开发工程师建立了统一的标准,并为整个研发部门制定了一套公共语言。通过实现开发流程和管理工具的标准化,华为在印度、美国、瑞典和俄罗斯的各国办事处能同时开展研发;科学的管理方法还使得华为能够有效地管理和协调遍布全球的各个研发机构。

人才是任何全球化企业管理母国和东道国之间冲突的最重要手段之一。该调研所访谈的中外企业高管均强调,人才在任何一家企业的全球化发展过程中都发挥着举足轻重的作用。不过在建立本土化的创新团队方面,中国许多企业做得远远不够。

调研显示,中国全球化企业中,几近半数企业的员工本土化率不足 5%。相比来看,领军企业在海外市场中的员工本土化率显著高于其他中国企业。

超过三分之一的领军企业的当地员工本土化率不低于50%，接近一半的领军企业的员工本土化率不低于25%。这与其他中国全球化企业的海外员工本土化率形成鲜明的对比，后者中仅有5%的企业的海外员工本土化率不低于50%，仅有15%的企业的员工本土化率不低于25%。

报告称，海外团队面临着不同的挑战和难以预测的市场环境，通常比企业总部更了解当地情况以及如何对流程做出相应调整。领军企业相对充分地认识到这一点，会适当地调整其创新流程和程序，以适应当地的业务环境。

一个有说服力的案例是华为位于印度的研发中心。成立于1999年的该中心是华为最大的海外研发中心之一，至今已培养了数百名中国技术人员，这些技术人才已回到中国成为重要的专家；与此同时，该中心还招聘并培养了大量的印度本土人才，这些本土人才目前已经成为该中心的主力军。报告称，海外研发团队的本土化及当地和中国员工间的有效交流，助推了华为的全球化发展。

在拥有本土化的创新团队的同时，对于海外创新团队还需充分授权。成功的全球化企业必须考虑如何在保持足够的控制力的同时，对海外创新团队给予授权，从而实现效率最大化并及时应对不断变化的当地市场环境。

调研显示，领军企业与其他中国全球化企业相比，在对创新团队的授权上做得更为出色。受访的领军企业高管普遍认为，当地知识是海外创新成功的关键。

东软就一直致力于将其海外研发部门发展成为企业新的创新引擎，而非只是中国总部的附庸。其海外研发中心拥有灵活的预算和足够的运营操作空间，从而能够顺利地研发出先进、符合市场需求的技术。

培育创新的企业文化则是全球化企业更进一步的挑战。接受访谈的领军企业高管反复提及，只有在给予员工足够空间、激发他们的创新激情、在公司内部形成创新文化氛围的情况下，企业的海外创新中心才能真正建立起来并成为企业创新的引擎。

"一个关键是培养促进全球化发展的长期的创新能力。"报告称，全球化领军企业往往在打造可持续的创新能力时注重长远布局,并不要求创新投入有立竿见影的回报。接受访谈的领军企业高管纷纷表达了这样的看法,对海外创新中心的投入带来的是长期的效益而非短期的回报,盲目地追求短期回报有悖初衷,甚至会压制企业的创造力或削弱所实现创新的竞争力。

王力为

(财新记者)

2015 年 8 月

中国的全球治理理念与"丝路新秩序"

"一带一路"构想承载着中国和平崛起的希望,也是中国与沿线国家共同参与全球治理以实现互利共赢的中国方案的集中体现,如今已经得到100多个国家和国际组织的积极响应,其目的是要构建世界上最长的、最具活力的陆上经济大走廊和海上经济大走廊。"一带一路"不是中国的"独角戏",而应是沿线国家的大合唱。推进"一带一路",无疑需要一种新的秩序加以规范。小智治事,大智治制。随着"一带一路"的推进,"丝路新秩序"的新思路正在形成之中。2016年9月27日,习近平总书记在中共中央政治局第三十五次集体学习时指出:我们要抓住机遇、顺势而为,推动国际秩序朝着更加公正合理的方向发展,更好维护我国和广大发展中国家共同利益。……全球治理格局取决于国际力量对比,全球治理体系变革源于国际力量对比变化。中国正在引领"丝路新秩序",为构建公正合理的国际秩序提供体现中国智慧和中国方案的价值理念和制度设计的新思路。

一、"一带一路"推动国际格局的演变

国际秩序是由国际格局决定的,而国际格局的形成与变动则取决于力量对比。无论国际秩序还是国际格局,一旦形成,必然保持其相对稳定性。国际格局和国际秩序的稳定是相对的,其变动则是绝对的,要经过一个从量变

到质变的演进过程。

近代以来，国际格局一直由列强之间的博弈来主导，其根本原因是因为列强具有大大高于一般国家的实力。虽然第二次世界大战后，一大批发展中国家相继独立，但很快又形成了以美苏两个超级大国为首的资本主义阵营和社会主义阵营。冷战结束后，新兴发展中国家呈崛起之势，并逐渐出现了一些新兴国家的专用名词，如金砖国家、展望五国、薄荷四国、金钻11国、迷雾四国等。同时，地区性国际组织，如东南亚国家联盟、非洲联盟、阿拉伯国家联盟、海湾阿拉伯国家合作委员会等，这些新兴国家具有极大的发展潜力，正在改变着世界力量的对比，并已经积极参与到世界秩序的重建之中。仅以金砖国家为例，2015年，金砖国家的经济总量已近17万亿美元，约占全球的23%，出口占全球出口的19.1%。同时金砖国家之间的贸易额也从2006年的930亿美元增长到2015年的2440亿美元，增长163%，对世界经济增长的贡献率超过50%。

反观发达国家，不仅经济增长乏力，还出现了被债务危机困扰的"笨猪五国"（PIIGS：葡萄牙、意大利、爱尔兰、希腊、西班牙）。如今，以发达国家为代表的西方七国集团虽然不甘心退出历史舞台，却将其注意力关注于人权及各种政治问题，试图遏制一些新兴国家的崛起，对世界经济的影响力日渐式微，而且几乎都采取了不同形式的贸易保护主义，这反映出发达国家的极端不自信，也反映出某些发达国家的霸权思维。在这种历史背景下，二十国集团（G20）已经取代了西方七国集团，在全球治理进程中发挥着重要作用。2016年9月，G20杭州峰会进一步展示了中国在全球治理中的作用，中国智慧和中国方案得到大多数国家的认可。

如今，世界经济的亮点正是"一带一路"上的中国、印度、俄罗斯等新兴大国。中、俄、印等新兴发展中大国的深度合作，正在推动着国际格局调整。中国国内生产总值突破10万亿美元，是日本经济规模的2倍多。国际货币基金组织2014年10月7日发表的《全球经济展望》报告中指出：按购买力计算，中国的国内生产总值为17.6万亿美元，超越美国的17.4万亿美元，居世界第一。这无疑高估了中国的经济实力。世界银行也强调，将市场汇率因素计算在内，美国仍然是世界上最大经济体，中国要超过美国还需要很长一段时间。2016年4月美国中央情报局出版的《世界概况》所列数据就更不寻常：根据购买力计算，2015年，中国GDP占全球的比重达到17.1%，美国占15.8%，印度占8%，日本占4%，德国占3.37%。如果按照美国中央情报局出版的《世界概况》对购买力的计算，中国和印度的GDP已经占到世界GDP比重的四分之一。

中国已经是世界第二大经济体、第一大外汇储备国、第一大商品贸易国和第二大对外投资国，同时还是128个国家的最大贸易伙伴，已经成为世界舞台上的重要角色。2015年中国对外直接投资为1456.7亿美元，不仅超过了引进外资，而且首次超过日本居世界第二位。2015年，中国研究与试验（R&D）经费支出14220亿元，占国内生产总值的2.10%，其中基础研究经费671亿元，中国已是亚洲最大的高科技产品出口国，还是世界文化产品出口额最大的国家，并且连续五年发明专利受理量居世界首位。根据世界知识产权组织、美国康奈尔大学、英士国际商学院共同发布的2016年全球创新指数，中国位列世界最具创新力经济体第25位，在中等收入经济体中排名居第一。联合国开发计划署和中国国务院发展研究中心发布的《2016中国人类发展报告》显示，以"人类发展指数"为依据，中国已成为"高水平人类发展国家"，是30余年来在人类发展领域中进步最快的国家之一。中国标准在高铁、核电、通信、汽车等领域已经实现了从跟随到引领的跨越。截至2016年5月，中国已有189项标准成为ISO的国际标准，已与21个"一带一路"沿线国家签署了标准化合作协议，并已发布《标准联通"一带一路"行动计划（2015—2017）》。中国正在加快制定和实施中国标准"走出去"工作专项规划，助推国际装备和产能制造合作。

"一带一路"贯通经济发展最具活力的东亚经济圈与经济发展最为成熟

的西欧经济圈，中间连接包括东南亚、南亚、西亚、北非、东非、中东欧等多个经济板块，充分利用各国和各地区的比较优势，形成多国经济共同发展的合力效应。"一带一路"沿线有60余个国家，人口总数44亿，约占世界总人口的63%，经济规模21万亿美元，约占世界经济规模的29%。处于"一带一路"上的新兴经济体之间，不仅有着经济合作的强烈愿望，而且由于大多数国家有着相似的历史境遇和共同的发展理念，正在形成越来越紧密的战略伙伴关系。正如南非学者快思·普拉谈到中非合作时所提到的："中国必须意识到，一定要建立起共同的政治和经济团结观念，才能获得任何实质性的收益和优势。"柬埔寨战略研究所所长潘昆认为："柬埔寨支持'一带一路'倡议，并不是因为它是中国提出的，而是因为柬埔寨能够在这个平台上找到自己的位置。"中国正在将包括"一带一路"沿线国家的相互关系提升至全面战略伙伴关系层面，构建人类命运共同体、利益共同体和责任共同体以提升中国和沿线国家的话语权，不仅中国沿价值链上移，也将使得与中国进行产能合作的"一带一路"沿线国家收益，进而打造一个"一带一路"沿线国家互利共赢的崭新价值链体系。

就俄罗斯而言，虽然曾被乌克兰危机困扰，又在叙利亚问题上与美国矛盾重重，美欧也一直保持对俄制裁，但其制裁措施仍然留有余地难以对俄罗斯经济造成伤筋动骨的打击。2015年卢布升值，经济回升，再次证明俄罗斯有较强的经济修复能力。俄罗斯经济发展虽然处于低端水平，但作为领土大国、资源大国，其发展潜力不可低估。2015年，俄罗斯与哈萨克斯坦、白俄罗斯、亚美尼亚、塔吉克斯坦、吉尔吉斯斯坦6个前苏联国家启动了加深经济融合和政治协调的欧亚经济联盟，将进一步提升其影响力。2015年5月8日，中俄两国签署并发表了《关于丝绸之路经济带建设与欧亚经济联盟建设对接合作的联合声明》，将进一步整合东亚和东北亚的经济板块，加之俄罗斯远东开发已经引起韩国、日本经济界的高度重视，进一步彰显了俄罗斯的经济吸引力和影响力。

近两年，印度经济发展势头十分强劲，不仅保持较快的经济增长而且在软件、制药、人力资源方面拥有巨大优势，同时在南亚地区经济、政治等多个方面发挥着无可替代的作用。印度莫迪政府正在发挥自身优势，在经济发展上采取了一系列重大经济改革举措，2015 年的经济增长率高达 7.5%，在世界大国中独领风骚。印度政府正在推动"印度制造"计划，前景广阔。据英国《金融时报》对 2016 年 1—6 月的调查，以印度、中国、印尼为代表的新兴市场在吸引外资，尤其是吸引绿地投资方面，将以美国、英国为代表的传统发达市场挤出了排行榜的前三。更为重要的是，中国、俄罗斯、印度如果推动"一带一路"、印度的"东向"战略、俄罗斯的欧亚经济的联盟战略对接，其影响力和辐射力不可低估。2015 年 5 月 28 日，中国、俄罗斯和印度推动第二轮阿富汗问题磋商，三国均支持阿富汗和平和解与经济重建，愿为此发挥建设性作用。巴西利亚大学国际关系学教授赛尔沃认为，国际大格局调整的钥匙掌握在金砖国家手里，正在走向成熟的金砖国家拥有推动国际秩序改革的力量，推动这种改革也是金砖国家的道义。

2015 年，新兴市场国家的国内生产总值已经占到全球国内生产总值的比重为 57.3%，其中最大的 5 个国家就是金砖国家。国际货币基金组织总裁拉加德认为，发展中经济体对今明两年全球经济增长的贡献仍将超过 75%。同时，哈萨克斯坦希望将其"光明道路"、蒙古国希望将其"草原之路"、韩国希望将其"欧亚倡议"与中国的"一带一路"倡议对接，特别是欧盟也在考虑将欧洲投资计划（即"容克计划"）与"一带一路"倡议对接，共同推动世界经济发展与全球治理。截至 2015 年底，中国已与 30 多个国家签订"一带一路"相关谅解备忘录或具体协议，初步形成覆盖亚、非、欧三大洲的布局。这些战略对接，直接推动世界经济中心的转移，形成的合力对国际格局的影响力不可估量。

二、国际格局的变动实现国际秩序调整

当今的国际秩序可以追溯到工业革命时期。工业革命后的国际分工形成了"中心—外围"体系，进而使世界分化为发达国家和发展中国家，此后，国际秩序一直由发达国家主导。当今的国际经济秩序是以第二次世界大战后的布雷顿森林体系为基础而形成。二战后的两极制政治格局的基础上又形成了一种国际政治秩序。这种国际政治秩序集中表现为少数大国垄断国际事务，干涉他国内政，在国际关系中以强凌弱、以大欺小、以富压贫，而且大国划分势力范围，建立国与国之间支配与依附的不平等关系，进而建立军事集团，进行军备竞赛，动辄使用武力或以武力相威胁。

20世纪60年代，广大发展中国家掀起了民族独立浪潮。随着广大发展中国家纷纷独立并走上联合的道路，它们强烈要求建立国际政治经济新秩序。1964年，七十七国集团发表联合宣言，首次提出了建立平等互利的国际政治经济新秩序要求。1973年，第四次不结盟国家首脑会议再次提出建立国际政治经济新秩序。之后，发展中国家要求建立国际政治经济新秩序的呼声一浪高过一浪，从未中断。如今，唯一的超级大国美国不惜削弱世界贸易组织的影响，积极推进TPP和TTIP，名义上要塑造区域贸易秩序的范本，其真实意图是将包括金砖国家在内的主要新兴经济体排除在外，削弱新兴经济体在国际秩序中的话语权，特别是要阻挠东亚国家经济一体化进程，其目标直指中国。奥巴马在2015年国情咨文中呼吁国会支持TPP和TTIP时说："中国正想要给世界上增速最快的地区确立规则"，"这会给我们的工人和商业带来不利。我们为什么要让这一切发生？我们应该来书写规则，我们应该来定义游戏规则。"

"一带一路"是中国对外开放的总体部署，从国内经济发展而言，与京津冀协同发展、长江经济带一起构成优化中国经济空间格局的三大战略；就参与全球治理而言，是中国参与和引导全球治理所构想的亚、欧、非三大洲

布局的中国智慧和中国方案的集中体现。推进"一带一路",以政策沟通、设施联通、贸易畅通、资金融通、民心相通等"五通"为主要内容。其中,设施联通、资金融通、贸易畅通是建设"一带一路"的三个具体合作领域,政策沟通是"一带一路"建设的重要保障,民心相通是"一带一路"建设的社会根基。民心相通基础上的政策沟通,将为地区秩序和世界秩序的构建奠定基础。

战略对接是推进"一带一路"的重要形式。"一带一路"构想与沿线国家和地区发展战略对接,必然涉及国际经济规则的重构,并需要建立新的国际机制为此提供保障,而由此衍生出的新规则需要借鉴其他经济合作的经验,但决不能照搬西方规则。正如国家发改委、外交部、商务部共同发布的《推动共建丝绸之路经济带和 21 世纪海上丝绸之路的愿景与行动》所规划的,"充分发挥现有联委会、混委会、协委会、指导委员会、管理委员会等双边机制作用,协调推动合作项目实施"。其实,"一带一路"建设,已有多个国际机制可供支撑,正在"强化多边合作机制作用,发挥上海合作组织(SCO)、中国—东盟'10+1'、亚太经合组织(APEC)、亚欧会议(ASEM)、亚洲合作对话(ACD)、亚信会议(CICA)、中阿合作论坛、中国—海合会战略对话、大湄公河次区域(GMS)经济合作、中亚区域经济合作(CAREC)等现有多边合作机制作用,相关国家加强沟通,让更多国家和地区参与'一带一路'建设"。

然而,"一带一路"构想所要建立的新秩序不会也不能抛开现行的国际秩序,还要借鉴现存国际规则和国际机制的合理内容,同时也会受到现存国际规则和国际机制的制约。据国际货币基金组织官方网站数据,截至 2014 年底,美国在国际货币基金组织中的投票权是 16.85%,实际拥有一票否决权。2016 年 10 月 1 日,人民币正式被纳入特别提款权(SDR)货币篮子,人民币在 SDR 货币篮子中的权重为 10.92%,仅次于美元和欧元居第三位。但不可否认的事实是,中国在世界银行和亚洲开发银行中的出资份额和投票权也受到限制。目前，亚洲开发银行两个最大的股东日本和美国各占 15.65% 的份额，中国在亚行的持股比例只有 6.429%，拥有 5.442% 的投票权。不仅如此，国际货币基金组织的总裁一直由欧洲人担任，世界银行行长一直由美国人担任，亚行行长一直由日本人担任。

"一带一路"需要沿线国家在达成共识的基础上务实推进，相应的国际机制不可或缺。中国在提出"一带一路"的同时，就与相关国家共同倡议建立亚洲基础设施投资银行（简称亚投行，AIIB，Asian Infrastructure Investment Bank），这无疑是中国与"一带一路"沿线国家合力参与国际秩序的新举措。亚投行与丝路基金、金砖国家新开发银行以及拟议成立的上海合作组织开发银行将是"一带一路"倡议四大金融支柱之一，将在国际秩序制定方面发挥重要作用。其实，亚投行的基本功能主要集中于亚洲地区的基础设施建设，是对国际货币基金组织、世界银行、亚洲开发银行功能缺失的一种弥补。国际货币基金组织的主要功能是会员国家在国际收支困难时向其申请外汇资金支持，而世界银行、亚洲开发银行等多边开发机构主要致力于全球和区域范围内减贫工作，真正投向基础设施建设方面的资金十分有限。据亚洲开发银行的预测，未来 10 年亚洲基础设施建设需要 8 万亿美元的资金。而落后的亚洲基础设施已经成为制约亚洲经济增长的重要因素，亚投行的成立适逢其时。亚投行最基本的功能就是专注于亚洲地区的基础设施建设，与世界银行和亚洲开发银行并行不悖，相得益彰。虽然亚投行不寻求打破现行国际秩序，但亚投行将推动亚洲地区基础设施建设客观上达到实现国际秩序与时俱进的目的。

三、"丝路新秩序"为全球治理树立新范本

丝路新秩序，本身就是一种国际秩序。所谓秩序，就是指有条理不混乱的情况或环境。国际秩序，是指一定历史时期内国际社会各行为主体之间形

成的处理相互关系的行为规范、原则及相应机制的总和。国际秩序表现在行为规范和国际机制两个方面。行为规范实际是国际社会所遵循的规则；国际机制实际是国际社会的调控机制。国际秩序是国际社会处于主导地位的行为体和处于非主导地位的行为体对国际社会基本准则规范化认同的最大公约数，从而形成国际社会所遵循的规则，这些规则还需要国际机制为其提供制度保障。

国际秩序，体现国际行为体的话语权，而话语权无疑是以硬实力和软实力为后盾的。但国际秩序的建立和调整是一个系统工程。现存国际经济秩序的确有诸多不合理的因素，比如，存在着不等价交换的贸易体系和国际垄断资本控制的国际金融体系。现存国际政治秩序虽然存在强权政治和霸权主义，但其中的一些原则、规则和机制有诸多合理性，特别是《联合国宪章》规定各成员一律平等，相互尊重主权、领土完整和政治独立，反对使用武力或以武力相威胁。

中国一直是现行国际秩序的参与者和建设者。20世纪50年代，中国就与印度、缅甸等国共同提出和平共处五项原则。和平共处五项原则现已成为公认的指导国家间关系的基本准则。20世纪80年代，中国恢复了国际货币基金组织和世界银行的缔约国地位。21世纪初，中国加入WTO。中国近四十年的改革开放正是在现存国际秩序框架下取得了巨大成就。中国对现存国际秩序的态度是推动国际秩序朝着公正合理的方向发展，推动国际秩序与时俱进以适应国际力量对比的发展演变，体现着广大发展中国家的呼声和要求。如今，中国不仅参加了绝大多数国际组织，签署国际公约的数量几乎是世界平均值的2倍。中国是联合国常任理事国中派遣维和军事人员最多的国家。2016—2018年，中国将承担10.2%的维和摊款，仅次于美国。

中国也是区域经济合作和经济全球化的重要推动者。"一带一路"倡议正在沿线各国业已存在的合作平台上规范化推进，以形成新的合作规则和合作机制。一是地区性论坛将发挥着越来越重要的影响（如博鳌亚洲论坛、欧亚经济论坛等），包括中国倡议建立的"一带一路"国际高峰论坛；二是各种博览会将发挥"一带一路"的桥梁纽带作用，如中国—东盟博览会、中国—亚欧博览会、中国—南亚博览会、中国—阿拉伯博览会、中国—俄罗斯博览会、中国国际投资贸易洽谈会等诸多合作平台将为"一带一路"沿线国家和地区经济合作提供支撑；三是挖掘"一带一路"文化遗产，在此基础上举办专项投资、贸易、文化交流活动，如办好丝绸之路（敦煌）国际文化博览会、丝绸之路国际电影节和图书展等。

"丝路新秩序"虽然还在形成过程之中，但我们已经可以初步描绘出其大致思路和总体框架，主要体现在以下几个方面：

其一，"丝路新秩序"以"五通三同"新理念为引领。政策沟通、设施联通、贸易畅通、资金融通、民心相通这"五通"是推进"一带一路"的基本内容；构建利益共同体、责任共同体、命运共同体，是一种新型价值观和治理观。"一带一路"沿线国家正是通过这种"结伴而不结盟"的形式，参与和引导全球治理。"五通三同"体现中国坚持独立自主的和平外交政策，通过推进"一带一路"与沿线国家实现互利共赢，为21世纪国际与地区合作提供了新模式。

其二，"丝路新秩序"坚持"计利当计天下利"的正确义利观。中国历来反对赢者通吃的霸权义利观。一般来说，资本具有逐利性质，经济合作难免追求功利性的目的。"计利当计天下利"是一种义利观，也是一种发展观。正如习主席所指出的，这是以平等为基础、以开放为导向、以合作为动力、以共享为目标的发展观和治理观，奉行的是"独行快，众行远"的合作思路。中国坚持的"计利当计天下利"正确义利观，就是要在追求和维护本国利益的同时兼顾他国利益，做到弘义融利。

其三，"丝路新秩序"倡导与沿线国家的发展战略对接。2014年，中国和哈萨克斯坦两国率先开始"一带一路"和"光明大道"的战略对接。之后，"一带一路"逐渐与新兴发展中国家实施战略对接，如与土耳其"中间走廊"的战略对接，与越南"两廊一圈"的战略对接，与印度尼西亚打造"全球海洋支点"战略对接，同时也与发达国家实施战略对接，如与澳大利亚"北部大开发"计划战略对接，与英国"英格兰北部经济中心"战略对接。截至2016年6月30日，中国已经同56个国家和区域合作组织发表了对接"一带一路"倡议的联合声明，并且签订了相关谅解备忘录或协议，初步形成覆盖亚、非、欧三大洲的布局。

其四，"丝路新秩序"体现的是"和平合作、开放包容、互学互鉴、互利共赢"的丝路精神。中国作为"一带一路"的倡导者，坚持国家不分大小、贫富和强弱，一律平等。在政治上要相互尊重，共同协商；在经济上则通过和平合作、开放包容，实现共同发展；在文化上通过互学互鉴，实现共同繁荣；安全上应相互信任、共同维护，树立互信、互利、平等、协作的新安全观，通过对话和合作解决争端；周边关系处理上奉行"亲诚惠容"周边外交理念；与沿线国家之间的合作秉持"共商、共建、共享"的原则。

其五，"丝路新秩序"是对现有国际秩序的创新和补充。应该说，"丝路新秩序"并不是要颠覆现有国际秩序，而是对其补充和完善。现存国际秩序还有许多欠缺和空白需要新的规则和国际机制加以规范，如世界银行、亚洲开发银行等现有的国际融资机构均没有关注基础设施建设，亚洲基础设施投资银行便是对现有融资平台的补充。"一带一路"还将创新一系列规则，如信息和通讯领域仍然有很多空白，事关互联网安全，中国已经主办了三届世界互联网大会，中俄也就规范网络安全等相关问题发表了"联合声明"。

其六，作为"丝路新秩序"的国际机制，已经建立起亚投行、金砖国家新开发银行、丝路基金等融资机构。亚投行创始成员国有57个，目前已经又有20多个国家申请加入亚投行。而亚洲开发银行和世界银行分别仅有31个和28个创始成员，欧洲投资银行只有6个创始成员国。至2017年初，亚投行将发展到90多个成员国。亚投行得到广泛响应，不仅意味着各国都看到其中的商机，而且反映了时代发展潮流，无疑为"丝路新秩序"提供机制保障。

"丝路新秩序"所体现的行为规范，超越了近代以来的霸权主义和强权政治的旧思维，开创了国际合作新模式，将为全球治理提供新思路。"一带一路"建设弥补了世界经济的短板，包括基础设施建设滞后的短板、发展中国家产出和消费不足的短板、虚拟经济和实体经济相背离的短板等。"丝路新秩序"将顺应和平、发展、合作、共赢的时代潮流，推动国际力量对比朝着有利于发展中经济体的方向发展，进而推动国际秩序朝着公正合理的方向发展。

王志民

（对外经济贸易大学全球化与中国现代化问题研究所所长、教授）

本文原载于《人民论坛》2016年11月期

中国企业走出去的浪潮与调整

关于"一带一路"话题，我想从三个方面分享一些观点：一是为什么"两条线"取得积极进展，"两个圈"却搁浅了；二是"一带一路"的进展、问题与挑战；三是中国企业走出去的体会和建议。

"两条线"和"两个圈"的不同命运

几乎在同一时期，中国提出"一带一路"倡议，美国推动TPP和TTIP谈判。如果说"一带一路"是"两条线"，一条是陆地上的线，另一条是海洋的线；那么TPP、TTIP则是"两个圈"，一个是环太平洋的圈，另一个是环大西洋的圈。前段时间，习近平主席访问拉美，出席亚太经合组织领导人会议，许多拉美国家纷纷表示希望加入"一带一路"朋友圈，表明"一带一路"倡议已超越地理界线，得到更多的国际认可。与此相反，新当选的美国总统特朗普表示，他上台后的第一件事就是废除TPP，让本就如履薄冰的TPP和TTIP接近夭折。实际上，"两条线"和"两个圈"都是在当今世界发生复杂深刻变化的背景下提出的，都致力于重建国际经济治理新格局、新秩序，但前景大不相同。我想原因在于以下三个方面的不同：

第一是目的不同。"一带一路"倡议旨在实现互利共赢的包容性增长，顺应世界多极化、经济全球化、文化多样化、社会信息化的潮流，以开放的区域合作精神，维护全球自由贸易体系和开放型世界经济。其目的是促进经济要素有序自由流动、资源高效配置和市场深度融合,推动沿线各国实现经济政策协调,开展更大范围、更高水平、更深层次的区域合作,无疑为世界和平发展增添正能量。然而,TPP、TTIP 旨在建立一套全新的国际贸易投资规则体系,试图替代 WTO 规则,维护美国过去在国际经贸投资规则制定上的主导地位,与发展潮流背道而驰。在反全球化和贸易保护主义抬头的形势下,TPP、TTIP 已不合时宜。

第二是对象不同。"一带一路"沿线 60 多个国家,以发展中国家为主,也有发达国家,具有广泛的代表性。更重要的是,"一带一路"倡议充分考虑和尊重各国的发展现实,与沿线各国的发展实际相结合,推动沿线各国发展战略的对接,并通过中国的投资合作为这些国家提供新的发展机遇。TPP、TTIP 则以发达国家为主,有少量发展中国家参与其中,实际上仍是"富人俱乐部"游戏,把世界第二大经济体和其他新兴市场排除在外,其议题也不是发展中国家最基本的需求,难以得到发展中国家的积极响应。

第三是内容不同。"一带一路"倡议优先考虑的是互联互通建设,重点改善区域基础设施条件,再寻求其他领域的贸易和投资合作,是切合实际的,更普惠。其本质是以中国成功发展经验为基础,向国际社会提供公共产品,分享中国中高速发展成果。而 TPP、TTIP 谈判内容覆盖全、领域宽、标准高,需以较高的经济发展水平为基础。比如,与 WTO 规则相比,新加入的内容大多涉及环境保护、知识产权、劳工政策、政府采购、限制国有企业等发达国家最关心的议题,很大程度体现了美国的自由贸易理念及其战略利益诉求,脱离大多数国家的实际,因此曲高和寡、相对孤立。

如今,我们看到"两条线"和"两个圈"的前景和命运截然不同。在 TPP 和 TTIP 主导国即将退出时,"一带一路"倡议开花结果。2015 年,我国对"一带一路"相关国家投资额 189.3 亿美元,同比增 38.6%;承接"一带一路"相关服务外包合同额 178.3 亿美元,同比增 42.6%。中投公司作为大型机构投资者,坚持国际化、商业化、专业化模式,积极参与"一带一路"建设,目前已有多个项目上报"一带一路"项目库,涉及港口、铁路、桥梁、船舶、矿产、电力等领域。

"一带一路"建设面临的挑战

当然，在"一带一路"建设取得快速进展和良好成绩的同时，我们也要保持清醒的头脑。毕竟"一带一路"建设本身是国际合作模式的创新，在推进中多方利益复杂交织，不可避免地面临一些问题和挑战。

第一个突出的问题是，一些国内企业走出去的步伐过快、过大，存在盲目跟风、无序竞争等问题。2015年以来，中国企业开启海外"买买买"模式，跨境投资骤然升温。2016年前十个月，我国非金融类对外直接投资达到1459.6亿美元，超过2015年全年水平，同比增长53.3%。这与同期国内民间投资增速的大幅回落形成鲜明对比。应该讲，本轮中资企业的海外并购热潮，既有企业走出去的客观需要，也存在盲目跟风。比如，一些企业打着寻求海外发展机遇的旗号，借境外投资争取各种政策支持；一些企业利用国内外市场的估值差异，在海外收购资产转入国内套利；一些企业借助对外投资向境外转移资金，加大资本外流压力。

第二个问题是，"一带一路"项目符合商业化标准的偏少，投资风险偏大。"一带一路"沿线多是发展中国家，有些国家政局不稳定、法律环境不规范、主权信用偏低，国别风险较高。目前，"一带一路"建设涉及的绿地类项目偏多，投资规模大、周期长、经济效益难以预期，再加上部分沿线国家自身投入不足，给商业化投资造成较大挑战。另外，国内企业之间的联动协调也有待加强，少数海外投资项目的规划论证和尽职调查不够充分。对于部分成熟资产，国内企业竞相抬价、过度竞争的现象时有发生。

第三个问题是，"一带一路"投资与国内产业调整之间的衔接有待加强。借力"一带一路"建设，我国国际产能合作进入快车道，2016年前十个月，装备制造业对外直接投资160.4亿美元，是2015年同期的3.6倍。但过快的产能输出或导致与国内产业调整出现脱节。从短期看，企业应对价格冲击的能力受到削弱，比如近期煤炭、钢铁价格跳升，从海外进口明显增加。从长期看，产能过快向境外转移不利于我国中西部地区承接东部沿海的产业转移，实现梯度发展。

第四个问题是，国内企业面临日益趋严的境外投资审批环境。目前，全球化在开倒车，一些国家对外商投资采取更严格的限制措施。由于中国的快速崛起，部分国家戴着"有色眼镜"看待中资，加大对中资的审查力度。比如，有的将所有国企视为关联方合并计算持股，有的通过竞争中性原则对国企设置更高门槛，甚至在审查中给予中资不公平对待。

展望未来

虽然"一带一路"建设面临一些问题和挑战，但前景良好、空间巨大。为了更好地落实"一带一路"倡议，提升对外投资水平，我认为可从几个方面着力：

第一，统筹协调"一带一路"建设，避免盲目无序投资。要协调好中资企业的出海行动，尤其是重点地区、领域的项目，避免无序走出去和不必要的内耗；要协调好国际产能合作与国内产业阶梯转移的关系，防止过早出现产业空心化；要协调好企业对外投资节奏和自身能力培养的关系，做好打持久战的准备。

第二，发挥中国视角的优势，提高对外投资整体合力。中国视角是中资企业的独特优势，中资企业要借助中国市场的深度和第三方市场的广度，内引外联，挖掘中国视角下的国际投资机会，为产业升级积蓄力量。同时，中国视角是中资企业共有资源，产业资本与金融资本间、产业链上下游企业间，甚至同类企业间，要寻求最大利益公约数，把中国因素发挥到最大。

第三，坚持商业化、专业化运作，树立良好的投资者形象。没有投资接受国欢迎炒短线的投机者，没有投资对象青睐破门而入的"野蛮人"，也没有当地社群喜欢置社会责任于不顾的企业。企业在开展"一带一路"投资时，一定要遵守当地法律法规，践行企业社会责任，营造有利舆论环境，做好尽职调查、交易结构设计、合作伙伴选择、投后管理等工作。

作为境外投资的重要参与者，中投公司诞生于国际金融危机之时，成立伊始就投入到对外投资的浪潮中。中投公司愿意在国际化、商业化、专业化原则的指导下，与国内外企业共同合作，助力"一带一路"建设，推动中国企业对外投资合作迈上新的台阶。

丁学东

（中国投资有限责任公司董事长兼首席执行官）

2016年12月

崛起过程中,中国如何建设"软力量"?

近代以来,一个大国崛起的首要标志是"硬力量"。所有"硬力量"的基础都是经济,没有经济上的崛起,就不会有包括军事、外交在内的各方面的崛起。或者说,没有经济的崛起,其他方面的崛起不足以使得一个国家产生国际影响力。

大国首先是经济大国,然后是军事大国和政治大国。这里并不排除一些国家即使没有强大的"硬力量",但可以发展出很强大的"软力量",例如文化、艺术等。古代很多建立在文明之上的大国包括传统中国就是这样。

但是,光有"软力量"而没有"硬力量"的国家,其对他国的影响力也会是有限的。例如今天很多小国都有很多"软力量"(文学艺术和宗教等),但它们的国际影响力,也就是它们影响和改变他国行为的能力,并不显见。再者,如果"硬力量"不足,那么国防就成为大问题,"软力量"不能自保,作为"软力量"载体的国家也不能自保。

另一方面,建立在经济基础之上的各种"硬力量"必须软化,否则"硬力量"就很容易会被其他国家视为威胁。一个国家光有"硬力量",从"硬力量"所能得到的影响力就会有限,也是不可持续的。

从历史经验看,尽管"硬力量"和"软力量"两者很少有可能同时发展,但在一个国家发展"硬力量"的同时也要开始建设"软力量"。当然,这是一种理想的状态,在现实中,一个国家的"硬力量"和"软力量"的建设都是很不容易的事情。但如果没有"软力量",维持"硬力量"的成本就会非常高,因而不可持续。苏联就是一个典型的案例。

中国各方面的"硬力量"正在崛起,继续的崛起也不可避免。因此,如何建设"软力量"便是中国面临的国际挑战。实际上,自从中国开始崛起以来,各种不同版本的"中国威胁论"从来就没有间断过。正因为这样,中国官方在国家发展的不同时期也提出了相应的政策话语,希望化解国际社会对中国的担忧。

中国硬实力的崛起必然引起其他国家的担忧,这是正常现象。不管中国政府做如何的努力,这种担忧不会消失。问题在于,为什么外界对中国崛起有如此的担忧?这其中一个要素就是随着中国的崛起和"硬力量"的发展,中国的民族主义也在崛起,并且变得很强大。

而从国际关系历史上看,民族主义经常导致国家间的冲突。或者说,中国官方意在化解外界对中国崛起担忧的政策话语远远抵消不了民族主义的崛起所带来的"负软实力"。

矛盾的是,尽管民族主义在国际社会往往是一种"负软实力",但对民族国家内部来说,则是一种相当有效的"软实力"。民族主义的崛起是一个国家崛起过程中的必然现象,同时民族主义也有利于国家内部不同要素的整合。不过,民族主义必然对一个国家的外部关系产生很大的影响。

从现象上看,民族主义往往和种族优越、民族优越、文化沙文主义等联系在一起的。因此,民族主义也是任何一个国家现代化过程必须超越的一环。中国也一样。随着国家的崛起,人民对国家的自豪感变得不可避免。但令人担忧的是,直到今天,中国的民族主义往往体现为简单的"义和团主义",包含了近代以来的受害者情结和崛起之后的复仇情结。

再者,在西方,很多政治人物和学者仍然受欧洲历史的影响,把中国的崛起和欧洲德国的崛起联系起来。在亚洲,人们也把中国民族主义和日本战前的民族主义做比较。言下之意就是,中国的民族主义也有可能重复德国民族主义和日本民族主义往日的道路。

我们对这种关联不可忽视，因为一旦这种关联成为其他国家决策者考虑对华关系的起点，那么中国和其他国家尤其是大国的冲突有可能变得不可避免。例如，当尼克松政府发动越南战争时，就认为胡志明是亚洲的希特勒。如果胡志明就是希特勒，那么越南战争就是符合道德的正义战争了。因此，中国必须有意识地避免其他国家把中国民族主义和德国、日本的民族主义相提并论，在实践层面，更需要回避走这条导致自我失败的道路。

中国当然不存在德国、日本那样的战争导向的民族主义，这种概念只是西方的误解。正因为这样，中国政府近年来选择了"文化走出去"。这里的理论前提是：外在世界之所以对中国有这样的误解，主要是因为外在世界不了解中国、中国的和平文化，等等，如果外在世界了解了中国文化的方方面面，那么外在世界的这种担忧就会消失。"文化走出去"政策背后的这种理性并非没有一点道理。但是，"文化走出去"现在面临着很多问题。

一个严酷的事实是，大家都知道了中国文化要走出去，但谁也不知道文化方面什么东西要走出去，什么样的文化才能改变他国对中国的看法，不再感到中国有这样那样的威胁。正如商家做营销，首先自己必须有产品，营销只是包装和策略问题。营销得当就能够改变人们对你所有的产品的认知，甚至确立对你的产品的认同感。但无论如何，首先必须有高质量的产品。如果产品质量低下，营销做得再怎么好也会无济于事。

无论从历史还是现实看，一种文化要成为"软力量"，至少需要三个条件：

第一，这个文化，不管是产自本土还是结合了从外面"输入"的因素，必须是能够解释自己。如果一种文化不能解释自己，那么如何能够让"他者"了解自己呢？

第二，这种文化必须能够让"他者"信服，信任。如果"他者"对这种文化不能信服，不能信任，那么便是没有"软力量"。

第三，也是更为重要的，"他者"能够自愿接受这种文化，"自愿性"是"软力量"的本质。具备了这三个条件,文化是不需要被推广的,尤其不需要通过政治力量得以推广。

在唐朝,没有政府到处去推销文化,但文化到达了东亚社会的各个角落。近代以来西方文化的传播,基本上也不是依靠政府的力量的。如果一种"软力量"需要政府去推广,那么人们就可以怀疑这一文化是否称得上"软文化"。例如,西方的民主自由等价值是西方政治"软力量"的核心,但如果西方政府通过各种手段要把这些价值强行推销到其他国家,强迫其他国家接受,那么便不是"软力量",而是"软力量"的反面。

中国现在还不完全具备这样一种软文化,因此很容易理解各种"推销"行为为什么显得那么吃力。中国现在所有的是一种"依附性"的知识体系,要么依附于自己的历史传统,要么依附于西方文化。

中国文化里面包含有传统因素,或者外国文化因素,或者是两者的结合,这不仅没有问题,而且也是优势。但这种文化必须能够满足第一个条件,即能否解释自己。传统文化曾经辉煌过,但已经不能全面解释现在的中国了。中国现在缺少的是能够解释自己的文化产品。

今天,我们所有的产品大多是复制品。政府一直在提倡"文化创新",但很多人在进行所谓的"文化创新"过程中,要么简单照抄照搬,要么就是只注重应用性,也就是西方技术,中国材料。

在很多方面,中国往往是用人家的话语来说明自己,结果是很显然的,就是,越说越不清楚。中国那么大的一个国家,而且是基于文明之上的国家,很难像一些非西方的小国那样,用西方的话语来打扮自己。再者,因为中国努力抵制西方式的政治制度,而不能像日本那样把自己打扮成为西方国家。中国强烈反对西方把自己的逻辑强加给自己,这没有错,问题在于,什么是中国自己的文化逻辑呢?没有人能够说清楚,因为我们没有自己的知识体系。

因此,也不难理解,中国目前和今后相当长的一段历史时期里,最重要的议程就是要文化创造，创造一种既能够解释自己、又能让他人了解自己并且自愿接受的文化。这样一种文化才具备"软力量"。

自近代以来，从经验上看，一个国家在创造这样一种具有"软力量"的文化时会面临两大挑战，一是如何克服内部的民族主义，二是如何建设其他国家所能接受的文化和价值体系（或者普世价值）。

中国也不例外，而且这两个任务都很艰巨。

第一个任务是如何软化民族主义。如前面所述，民族主义有其正面的地方，那就是强化人民的民族和国家认同感。但民族主义必须超越"义和团主义"的两个主要特征，一是排外，二是非理性。也就是说，中国需要实现民族主义的转型，使其拥有包容和理性的特征。这并非不可能。

西方一些国家也具有强烈的民族主义，但也具有包容和理性的特征。英、美、法、德等国家的民族主义并不是本来就具有开放性的，而是经过了很长时间的转型过程。美国早期很排外，但现在很包容。德国的民族主义更是基于种族之上，为其他民族（尤其是犹太民族）带来灾难，但现在也很开放。民族主义的开放、包容和理性是转型的结果。

如何改造民族主义？这就和第二方面紧密相关，那就是要增加现有文化中具有普世价值的成分，或者说要创新文化使其具有普世性。

中国现在还没有发展出能够让其他国家欣赏和欣然接受的文化价值。要发展具有"软力量"的文化，中国迫切需要建设中国本身的知识体系，任何一种文化的内核就是知识体系。在国际关系层面，这个知识体系必须是理性民族主义和普世文化价值的结合。

民族主义所要表达的就是一个民族和国家的特殊性，而普世文化所要表达的则是一个民族和国家的普世性，也就是说和其他民族和国家的共同性。任何一种文化都是特殊性和普适性的结合。换句话说，每一个民族和国家都有其自身的核心价值，但同时也具有与其他民族和国家共同享有的共享价值。

简单地说，中国的"软力量"文化的建设就是要把自己的核心价值和作为人类共同体一员的共享价值有机地结合起来。体现自己核心价值的文化或者知识体系就能够解释自己，而包容普世价值的文化和知识体系就能够为他人所理解和接受。

郑永年

（新加坡国立大学东亚研究所所长）

为什么世界期待中国 2017?

去年是二战以来西方少有的一个政治年,先后发生了被很多人视为"黑天鹅"的重大政治变化,英国脱欧、意大利宪政改革公投失败等。人们把这些视为是"黑天鹅",因为这些表示着不好的预兆。很明显,对西方来说,这个政治年其实还没有结束,2017 会继续发生类似甚至更坏的政治变化。

欧洲的情况令人担忧。英国已经正式进入脱欧程序,相信这不会是一个顺利和平稳的过程。法国极右国民阵线力量继续上升,而德国的右派选择党也不甘示弱。

实际上,欧洲的右派趋于结成区域联合阵线,甚至国际联盟。如果法国国民阵线赢得选举,欧盟就岌岌可危了。不管怎样,西方各国内部政治力量的对立已经公开化,政治斗争(而不是政治合作)成为西方的"新常态"。

2017 是中国的政治年

西方的变化已经也必然继续对国际政治经济秩序构成巨大的冲击。2008 年世界金融危机以来,世界经济到今天还没有恢复过来。如今西方贸易保护主义和经济民族主义开始盛行,已经很糟糕的世界经济形势势必进一步恶化。

在地缘政治方面,特朗普想通过改善美国和俄罗斯关系来缓解局势,包括双边关系及美俄在中东和欧洲问题上的分歧,但看来事情并不简单。无论是特朗普本人还是其所任命的官员，与俄罗斯之间的关系几乎在动摇着特朗普的合法性基础。这个趋势也不会在很短时间里明朗起来，美俄关系、欧俄关系、中东问题会继续处于高度不确定状态。地缘政治的这种局面又会对世界经济造成极具负面的影响。

在这样的情况下，世界把眼光转向中国，并且唯独是中国。这并不难理解。当特朗普正式宣布退出TPP时，澳大利亚立刻希望中国能够加入TPP谈判。其实，各国都明白，一个没有中国的TPP本来就没有多少意义；但现在一个美国退出、中国又没有加入的TPP，就完全失去了其意义。欧盟面临英国脱离和美国保护主义的压力，也希望能够提前和中国讨论经贸关系，在险恶的国际环境中寻找稳定经济的要素。

如果从要发生的重要政治事件来衡量，2017年必然也是中国的政治年。9月厦门金砖国家领导人会议、10月中国共产党第十九次全国代表大会，所有这些都是世界所关切的。

实际上，今天中国内政外交的任何动向，都会牵动全球的关切，关切中国已经成为各国关切自身利益的必需。当然，在关切中国和关切美国及欧洲问题上，世界有不一般的心情，中国的政治年不是西方的政治年；当人们对西方失望的时候，对中国抱有更多的希望。

在国际层面，今天的全球化需要领头羊和领导者。当美国和西方不再能够扮演领头羊角色时，世界自然想到了中国。尽管还有崛起中的其他新兴经济体，但除了中国，其他新兴经济体不仅经济体量仍然很小，对世界经济很难有足够的影响力，而且很多新兴经济体内部发展动力不足，制度的脆弱性随时体现出来。

更为重要的是，全球化作为世界公共品，需要由大国来提供。尽管各国都可以从全球化获得不同程度的利益，但并不是任何国家都有动力或能力来维持全球化。中小国家更多的是选择"搭便车"。美国没有能力了，中国呢？

谁来提供全球公共品？

近来西方越来越关注世界会不会陷入所谓的"金德尔伯格陷阱"（The Kindleberger Trap），这并非没有道理。二战后美国马歇尔计划的思想构建者、后来成为麻省理工学院教授的金德尔伯格认为，20 世纪 30 年代世界经济大萧条的原因，是全球公共品的缺失。尽管美国取代了英国成为世界最强大的国家，但美国未能接替英国扮演为全球提供公共品的角色，导致全球经济体系陷入衰退、种族灭绝和世界大战。很显然，今天再次出现这个忧虑，表明今天世界所面临的严峻局势。

世界对中国的关注源于对中国的过去、现状和未来的分析与认知。经过近 40 年的改革开放，中国今天已是世界第二大经济体、最大的贸易国。从 2008 年世界金融危机以来，中国一直为世界经济稳定和增长提供着最大的贡献份额。尽管近年来经济有所下行，但因为中国经济基数庞大，其贡献仍然最大。人们也相信，只要中国维持在官方所规划的经济增长水平，中国对世界经济的贡献只会增长，而不会减少。

再者，世界也发现中国在国际经济体系话语方面的进步和转变。改革开放以来，中国选择了和世界经济接轨，但现在中国开始具备动力和能力，来维持和改善世界经济秩序。从去年中国主办二十国集团杭州峰会，到今年初中国国家主席习近平在达沃斯论坛的演讲，中国越来越接近西方进步力量所秉持的传统自由贸易话语。中国似乎向世界传达出了一个积极的信息：当自由贸易这面旗帜美国西方扛不下去的时候，中国会接着扛。

中国提出的世界和区域经济的"中国方案"令人们更感兴趣。近年来，中国提出了"一带一路"倡议和主导成立了亚洲基础设施投资银行。尽管少数国家对中国抱有怀疑态度，但更多国家积极参与中国的倡议，因为它们看到中国的举动并非"另起炉灶"，建立自己的体系，而是积极配合现存的国际经济体系，提供必需的和相应的补充。或者说，中国所做的是在强化现行国际经济体系。这些正是世界所期待的。

也同样重要的是中国对待地缘政治的态度和方法。尽管去年因为南中国海风波，中国被西方和亚洲一些国家塑造成一个扩张性帝国，但世界逐渐发现中国实际上对西式地缘政治并不感兴趣。尽管中国在保护其国家核心利益方面会不惜一切，但中国并没有任何企图向外扩张。今天中国与周边国家虽然也有一些纷争，但总体上关系尚好，感觉到安全。

在南中国海问题上，中国应对很沉着。中国和菲律宾的关系变化，可能是西方所没有想到的。其实道理很简单，中国对冲突并不惧怕，但冲突更可能是两败俱伤，而合作则是共赢的。

在不长的时间里，中国和东南亚各国的关系有了全面的改善。今天，马来西亚、印度尼西亚、柬埔寨、老挝、缅甸等国家，已经把西式地缘政治搁置一边，回归亚洲式经济合作。中国的"一带一路"计划也开始在这些国家产生积极的结果，至少在经济领域。

中国关注内部治理

世界也注意到中国掌控了应对由外来力量促成的地缘政治危机的能力。例如，无论在其竞选期间还是正式就任总统以来，特朗普对中国一直说三道四，表现在贸易、南中国海、台湾等方面。不过，中国并没有表现出任何情绪，而是静观其变，小心翼翼地避免着人们一直担心的"修昔底德陷阱"。

不过，世界最为关切的还是中国的内部发展。民粹主义、经济民族主义和贸易保护主义，无论人们怎么称呼，在西方的崛起，是因为西方内部的发展出了很大的问题。外交是内政的延续。那么，中国的内政又是如何呢？中国的内政支撑得了其外部的角色吗？这是世界的关切。

来自中国的信息是正面的。人们发现中国的领导层可能是今天世界上少数几个最强有力的。西方的问题在于内部治理问题，而内部治理问题的核心在于一个有效政府。西方的困难在于形成不了一个有效政府，精英之间没有共识，党派之间互相否决，造成今天体制内外对峙的局面。

尽管中国政治体系仍然处于变化过程，但中国具有一个稳定有效的领导核心层，有利于政治稳定。同样，社会经济的稳定和发展，也需要这样一个核心领导层来推动。人们很快体会到习近平主席近来要"撸起袖子加油干"的言论背后的意义。对很多人来说，这是中国领导层要把国家的社会经济提升到一个新高度的前兆。

尽管西方带有意识形态偏见的一些人，一直在唱衰中国经济，但中国仍然以自己的步伐和速度在发展。近年来，中国经济进入新常态，经济下行虽不可避免，但问题在于中国的经济是"硬着陆"还是"软着陆"。不难发现，中国政府通过各种方法，包括政府和市场的作用，避免了经济的激烈波动，以缓慢平稳的方式下行，这有效保证了内部的稳定。

应当指出的是，尽管经济有所下行，中国在所有大国经济中，增长仍然很高，而且因为其庞大的基数，中国继续为国际经济增长贡献很大的份额。

中国决心消化全球化负面后果

中国为世界提供的更为积极的信息，是其消化全球化负面后果的决心和能力。全球化为世界带来了前所未有的财富，但财富在各个社会群体中的分配极端不公平，造成社会的巨大分化。西方政府无能为力，任由民粹主义崛起和扩大。中国在全球化造成的弊端方面亦不能置身事外。

这些年来，因为全球化，中国内部的收入差异也在扩大。不过，中国领导层并不认为所有问题都是全球化所致，也反对因为这些问题而去阻止全球化；相反，中国直面问题，努力解决这些问题。近年来，中国政府展开前所未有的扶贫运动，要在今后数年内，每年帮助高达1000万农村贫困人口脱离贫困。世界感觉到，这样的事情可能只能在中国发生。

中国要建设的"全面小康社会"，被人们解读为中国的"中产阶级社会"。为此，中国要在"十三五"规划期间，每年实现6.5%的增长率，人均国民所得从目前的8000多美元提升到1万2000美元，达至低端发达国家水平。精明的国际商界当然知道这对于他们的真实意义，他们从来没有忘记计算，他们如何从中国的发展中获得更大的利益。原因很简单，即使到那个时候，中国的总体水平仍然较西方发达国家低，但中国的中产阶层的绝对数字，会超越任何一个西方国家。当中国成为一个内需导向社会时，意味着中国不会像过去那样依赖西方；相反，届时的西方需要依靠中国来发展和增长。

这些正是世界关切中国的巨大动力。世界预见了一个不一样的大国的崛起，并对这个大国抱有高度的期待。对中国来说，世界给了自己巨大的责任和压力，但也给了自己一个历史的机遇和机会。道理也很简单。当西方世界出现治理危机，而失去围堵中国的能力时，当全球化出现问题而需要有大国提供全球公共品时，中国就有了机会去加快自己的和平崛起。

郑永年

（新加坡国立大学东亚研究所所长）